名师名校名校长

凝聚名师共识
回应名师关怀
打造名师品牌
培育名师群体

　　　　　　　　　靳明远题

开启莘莘学子心

一位教师的
教育教研策略与实践探索

单 英◎著

辽宁大学出版社

·沈阳·

图书在版编目（CIP）数据

开启莘莘学子心：一位教师的教育教研策略与实践
探索/单英著. --沈阳：辽宁大学出版社，2023.3
（名师名校名校长书系）
ISBN 978-7-5698-1100-1

Ⅰ.①开… Ⅱ.①单… Ⅲ.①中学物理课－教学研究
Ⅳ.①G633.72

中国国家版本馆 CIP 数据核字（2023）第 022047 号

开启莘莘学子心：一位教师的教育教研策略与实践探索
KAIQI SHENSHEN XUEZI XIN: YIWEI JIAOSHI DE JIAOYU JIAOYAN CELÜE YU SHIJIAN TANSUO

出 版 者：辽宁大学出版社有限责任公司
　　　　　（地址：沈阳市皇姑区崇山中路 66 号　　邮政编码：110036）
印 刷 者：沈阳海世达印务有限公司
发 行 者：辽宁大学出版社有限责任公司
幅面尺寸：170mm×240mm
印　　张：15
字　　数：250 千字
出版时间：2023 年 3 月第 1 版
印刷时间：2023 年 3 月第 1 次印刷
责任编辑：李珊珊
封面设计：徐澄玥
责任校对：郭宇涵

书　　号：ISBN 978-7-5698-1100-1
定　　价：58.00 元

联系电话：024-86864613
邮购热线：024-86830665
网　　址：http://press.lnu.edu.cn

自 序

　　作为一名在教学一线工作了三十多年的教师，我始终致力于教育教学研究，不断反思教育中存在的诸多问题，并不断在实践中自我剖析、完善。

　　人应该是要有精神追求的，尤其是教师，作为肩负立德树人根本任务的践行者，更应该有"戴着镣铐舞蹈"的思想，在教育教学实践中努力探索，思考困惑，提炼经验，总结规律。虽然它是一个艰辛的历程，但这才是我对教育事业的人文关怀和使命责任。

　　新一轮课程改革对教师教学和学生学习都提出了明确要求，发生了很大变化。为适应改革要求，当今教师需要不断更新教育教学理念、教学方式和教学策略，提高将自己的知识转化为智慧、理论转化为方法的能力，增强理解和促进学生道德、学识和个性全面发展的自觉性。这是一项具有挑战性的工作，需要每个教师积极探索教育教学研究的新内容和新形式。这应该成为教育的方向，更应该成为研究的方法。

　　经常倚靠窗前，打开已经泛黄的《论语》，把白天的劳累抛在脑后，寻求心灵些许的宁静。孔子和弟子席地而坐，为了学问、做人和谋事等问题而辩论的画面时常浮现在脑海中，羡慕、景仰和向往之情油然而生。

　　目前，许多教师由于受各种因素影响，对教育教学研究虽兴致满怀，但很多是东施效颦，研究不深入，没有个性的思想和扎实的行动。一些教师急功近利，想在研究中快速出成绩，但往往事与愿违。我认为，在教育教学研究道路上，没有捷径，也没有坦途，但要有研究的方向、研究的信念。自己多年承担学校的教科研主任工作，提高教科研的高效性是我工作的基点和目标。

　　教科研与上课，是一个教师教学生涯中最应该做的两件事。长期进行有效的教科研可以提高教师专业素养，在课堂中进行实践则是自身素养的体现。两者既为条件关系，也是因果关系。

话虽如此，但很多教师对教科研投入的时间和思考力度是远远不够的。我曾经做过一个调查，假如一个教师一天的工作时间是8小时（实际有的超过10小时），上课、批改作业占了将近60%的时间（如果是班主任还要有大约20%的时间处理班级管理事务），完成学校日常其他工作，诸如做材料、填表格等大约占10%的时间，本来应该占很大比例的教育教学研究与思考，却只有10%左右的时间。在每学期检查教师的备课记录和教学反思时，我发现备课质量和反思能力还是有很大提升空间的。

于是，我把自己多年教育教学研究的思考和实践成果进行总结、提炼，以此提高教师专业思考水平和实践能力，并以此作为教师感受、理解、追求、创造教育教学成就感和幸福感的目标，这便成为我期望的创新着力点。

从孔子的教学之道中，我意识到要充分发挥学校名师、骨干教师团队的引领作用，让全体教师在教育教学活动中研究备课、上课、辅导等策略与方法，打造丰富多彩的教学模式，形成富有创造性的教学风格。做这样的教科研主任，虽然很苦、很累，但很有成就感。

《开启莘莘学子心——一位教师的教育教研策略与实践探索》这本书，虽然是我多年教育教学的思考成果，但里面蕴含着学校每个教师所付出的辛勤汗水和劳动成果。

本书共分三个篇章。第一篇是"策略篇"，是我多年对校本教研、课堂教学和学生素养发展等思考沉淀的智慧成果，既有案例研究，也有理论提升，见微知著，道出了许多启人心智的关于教育教学策略的独特见解，以此让每个教师眺望教育中迷人的风景。第二篇是"教学篇"，结合自己的物理教学实践，通过"创新设计"和"教学方法"等多个教学案例，系统阐述了应对教学实际问题的解决策略，给教师提供了可资借鉴的科学合理的教学方法。第三篇是"成果篇"，主要是关于课程改革、校本研究、教师素养诸方面的成果呈现，力求让每个教师在磨砺中成长，在成长中享受教育的快乐。

本书是我在实践的基础上对教育教学思想和理念的探索和思考，虽经过精心修改，但难免有稚嫩和粗糙的痕迹。非常希望广大教师提出宝贵意见和建议，以便不断改进。写作时许多教育专家给予了热情指导，在此一并表示感谢。

在这个充满了盎然生机和奋进力量的新时代，我要继续让无悔的故事在笔尖流淌，让平凡的岁月闪烁光芒……

是为序。

作 者

2022年7月15日

目 录
CONTENTS

策 略 篇

教 学 篇

成 果 篇

策 略 篇

如何搞好课堂观察

——以《透镜及其应用》复习课为例

一、有感于传统的听、评课

活动：缺乏主题，仅仅是一个听评课，想解决什么问题？达到什么效果？

听课：只需要知道听谁的课，去哪个班听课，带上本子和凳子就可以了。听课前要做什么是大可不必考虑的，听课时目标也是比较模糊的。

评课：没有明确的分工，尽管学校领导或组长一再鼓励大家"对这堂课有什么看法，好的、不好的都可以讲"。尽管让"大家说"，其实还是只有几个教师谈了自己的看法，大多都是听。"这位老师教态自然，语言清晰，板书工整，做了充分准备。"或者说"这节课挺好的""学生活动比较多"或"能调动学生的积极性"或"教学效果比较好"等。

暴露的问题：

（1）听课缺乏明确的目标，缺乏真实记录课堂的意识和工具，也就谈不上研究。带个耳朵就够了！

（2）评课时，缺乏课堂的实证资料。大多是凭自己的经验。关注的是课堂发生的现象，对现象后面隐含的本质剖析不够，缺乏一定的技术支持。

（3）听、评课大多是每个教师单打独斗，缺乏合作。顶多只有个"研"，根本没有"讨"。

一次次"重复昨天的故事"，以那张"旧船票"登上教研活动的"客船"。

二、说说"课堂观察"

（1）活动有主题，听课有工具、有目标，议课有着力点。

（2）人人有事可干，人人做"研究"，引导教师做研究型教师。

（3）通过外显指标量化分析实际教学中的疑难问题。

教师要为每一次的教研活动"购买"新的"船票"，登上教师专业发展的"新客船"。

三、案例：物理组在市物理研讨会上做观课示范

（一）观课视角

教师课堂有效教学行为研究。

（二）观课目的

教师的不良教学行为是造成学生课业负担过重的源头，只有从源头抓起才能真正找到减轻学生过重负担的关键。治"标"的同时更要治"本"，只有标本兼治，才能使"减负"落到实处。

（三）量表设计分四个板块

1. 设计

主要观察教师的课前准备情况和资源的整合情况。

2. 精讲与点拨

看教师的"真"功夫，课堂的高效首先是教师的有效。

3. 对话

看师生的互动，知识的落实、能力的生成。

4. 人文与机制

课堂首先是要充满人文关怀的。看灵活驾驭课堂与教材的能力。

（四）观课分工

教学设计：刘熙、邱红星。

精讲与点拨：单英、王金辉。

对话：张静、时延梅。

人文与机制：张守峰、解则花。

表1

"物理教师课堂行为有效性"观察量表		观察记录	评价反思
视角	观察点		
教学设计	1.主要设计了哪几个学习任务？容量是否合理？		
	2.教学是否由问题驱动？问题链是否符合学生认知水平？		
	3.是否给予了学生充分的自主思考时间？		
	4.复习内容，有无根据学情进行有效整合？是否合理？		
	5.训练题的选取是否"精、准"？训练量是否合适？训练时间是否充足？		
精讲与点拨	1.所讲内容是否有必要？（"三讲""三不讲"落实是否到位？）		
	2.是否有解题方法和学法指导？		
	3.板书是如何呈现的？是否为学生学习提供了帮助？		
对话	1.提问的问题层次是否有效？简单/理解/应用		
	2.提问的方式、次数、关注的面？		
	3.给予的候答时间是否充分？		
人文与机制	1.课堂话语是否体现了民主化、人文化、科学化？		
	2.呈现了哪些非语言行为（表情、移动、体态语）？效果怎样？		
	3.学习目标的落实与预设有哪些调整？效果如何？		
	4.学习目标是否面向全体？是否关注到每一名学生？		
	5.整堂课有哪些特色设计？		

（五）利用观课量表观课和议课

略。

（六）观课反馈

视角一：教学设计

观察点1：主要设计了哪几个学习任务？容量是否合理？

观察记录1：四个任务：①透镜的基本概念、作用及三条特殊光线；②凸透镜成像规律；③眼睛和眼镜；④显微镜和望远镜。

评价反思：任务全面。课堂授课时间的分配、教学节奏、重难点的处理都有一定的问题。

观察点2：教学是否由问题驱动？问题链是否符合学生认知水平？

观察记录2：无问题链（问题情景的设置）；基本采用方式：引领梳理知识点、学生复习、讲解例题、练习。

评价反思：整体来看：学生的认知高于本节课设计，不能很好地调动学生复习的欲望。

观察点3：是否给予了学生充分的自主思考时间？

观察记录3：给予学生自主思考的时间比较充分，有时有点多余，走向另一个极端，导致节奏过慢，后边的训练没有时间落实。

评价反思：思考的时间给了，但思考的深度还不够，很多问题是新学阶段都已经解决了的。如：透镜遮住一半、光屏上收不到像等。

观察点4：复习内容，有无根据学情进行有效整合？是否合理？

观察记录4：学情了解得不够，复习内容滞后于学生学习程度，重点训练的好多都是新授课时已经解决的，一些学习优秀生在课堂上没事干。

评价反思：课前可以来个学前诊断。

观察点5：训练题的选取是否"精、准"？训练量是否合适？训练时间是否充足？

观察记录5：训练题选取得比较好，留给学生训练时间还远远不够，训练量不够，达标题没有完成。

评价反思：题型的选取上还有欠缺，透镜规律部分可以分实验和应用两个专题进行，重点、难点问题没有练"透"。

视角二：精讲与点拨

观察点1：所讲内容是否有必要？（"三讲""三不讲"落实是否到位？）

观察记录1：注重利用实验、作图、动画进行情境再现，辅助点拨三条特殊光线的复习耗时过长，视力矫正问题、显微镜与望远镜的不同点也是个难点，但没有进行点拨复习。

评价反思：任务一完成后完全可以直接先做题查学情，针对学情进行点拨，这样后边时间会充裕些。

观察点2：是否有解题方法和学法指导？

观察记录2：注重变式训练、考点强化训练、数理综合推导（解不等式）注重引导学生阅读课本、作图、自主纠错等。

评价反思：多讲一讲"考法"。如：实验题都从哪些角度去考？不要就题讲题。

观察点3：板书是如何呈现的？是否为学生学习提供了帮助？

观察记录3：板书了三条特殊光线，认真规范，注重利用彩色线条，起到了很好的示范作用。

评价反思：毕竟是复习课，感觉以图示的形式板书凸透镜成像特点应该是重点。

视角三：对话

观察点1：提问的问题层次是否有效？简单/理解/应用。

观察记录1：多数的提问属于识记层次，理解、应用层次较少。

评价反思：因复习起点低所致，不能引起积极思维的问题可以省略，否则会影响学生回答问题的积极性。

观察点2：提问的方式、次数、关注的面？

观察记录2：举手为主，34次，直接点名16次，无效提问4次。

评价反思：随机性大，仍存在无效提问。

观察点3：给予的候答时间是否充分？

观察记录3：时间比较充分。

评价反思：多数时间节奏较慢。

视角四：人文与机制

观察点1：课堂话语是否体现了民主化、人文化、科学化？

观察记录1：教态自然，语言富有亲和力，师生互动流畅自然，无科学性错误。

评价反思：课堂首先是充满人文关怀的，育人是第一位的。

观察点2：呈现了哪些非语言行为（表情、移动、体态语）？效果怎样？

观察记录2：注重巡视查学情，进行个别指导，举手投足都比较自然，富有感染力。

评价反思：很好，面向全体，关注个体。

观察点3：学习目标的落实与预设有哪些调整？效果如何？

观察记录3：基本按照预定目标进行，但达标训练没有完成，前松后紧，重、难点的突破不够到位。

评价反思：备课时要注意备时间，各个学习任务的大致时间要事先做到心中有数。

观察点4：学习目标是否面向全体？是否关注到每一名学生？

观察记录4：基本面向全体，注重个体的辅导。

评价反思：后两个任务完成得过于仓促，学习优秀生吃不饱。

观察点5：整堂课有哪些特色设计？

观察记录5：教师的个人素质强，注重情境再现，注重关注个体。

（七）建议：每一个任务的落实以下面几个环节进行

感悟中考（展示典型的2015年中考试题）—提出问题（考的哪个知识点？都是以什么方式、从哪几个角度去考的？）—思考回顾（做题的同时回顾知识点，暴露学习困惑，教师了解学情）—教师针对性进行点拨总结—最后来个"展望中考"

下面几类题目，学生做起来有困难，应是课上予以解决的。

1. 如图1所示，F为凸透镜的两个焦点，A′B′为物体AB的像，则物体AB在（　　）

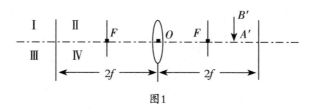

图1

A. 图中Ⅰ区域，比A′B′大，箭头方向向上

B. 图中Ⅱ区域，比A′B′大，箭头方向向下

C. 图中Ⅲ区域，比A′B′大，箭头方向向上

D. 图中Ⅳ区域，比A′B′小，箭头方向向下

2. 某同学在做透镜成像的实验时，将一支点燃的蜡烛放在距离透镜20 cm的地方，当它向透镜移动时，其倒立的像移动速度大于蜡烛移动速度，则可判断此透镜（ ）

A. 是凸透镜，焦距为20 cm

B. 是凸透镜，焦距可能为15 cm

C. 是凹透镜，焦距为20 cm

D. 是凹透镜，焦距可能为15 cm

（完成时间：2015年4月，本文系2015年全市物理教学研讨会研讨材料）

教师不良教学行为对初中生课业负担的
影响及改进对策

　　我多年分管学校的教科研工作，而且一直在教学一线，对教师的不良行为导致学生课业负担过重的现象深有感触，教师不良的教学行为是导致学生课业负担过重的重要因素之一。本文着力从教师成长意识、合作意识的唤醒，科任教师如何实现与家长、班主任的深度合作等方面进行研究和探索。我利用近两年的时间基本探索出了一套优化教师教学行为、减轻学生过重课业负担、提高教育教学质量的具体方法。

一、教师不良教学行为现象及对初中生课业负担的影响

　　教师教学行为有广义和狭义之分。广义的教学行为是指一切与教学有关的教育活动。狭义的教学行为是指课堂教学中，教师采取的外显的、可观察的行为。教师的狭义教学行为就是指教师在课堂教学中影响学生学习的一切活动或表现。教师不良教学行为就是指不符合教学行为规范的教学行为，它严重影响课堂教学效率和学习活动的正常进行，是造成学生课业负担过重的重要影响因素，具体表现如下：

　　"内存不足"，造成"程序紊乱"。备课不充分，甚至不备课就上课，训练题不加筛选，生搬硬套。

　　"内功不够"，造成"作业繁重"。教学能力低下，不能在45分钟内有效完成教学任务。

　　"内修不良"，造成"书包加重"。图省事，滥用教辅书。

"单兵作战"，造成效率低下。习惯了一个人的"单兵作战"，效率低下。

二、多措并举，遏制教师不良教学行为，提升教师师德素养和业务水平

（一）打造教师成长共同体，引领教师共同前行

1. 唤醒成长意识，"内修"不良行为

鸡蛋从外打破，是食物；从内打破，是生命。人生，从外打破，是压力，从内打破，是成长。一个教师一旦有了把"职业"当"命业"来做的责任担当，这股"内力"一旦形成，不良行为自然会自生自灭。学校经常结合实际情况举行关于专业成长的讲座，为老师们推荐好的书籍，对教师的专业修养起到了很好的培训效果，关注成长的教师越来越多。

教师从只关注"分数"到更关注"人"的发展，教师的教学变得目中有"人"，行为变得规范、有效。课堂上，老师们更加关注学困生的学习困惑和帮扶，"你把学生教会了吗？学生听懂了吗？学生会做了吗？学生做对了吗？你看看学生做对了吗？困惑都解决了吗？还有什么需要教师解决的？"这是老师们自发创新的课堂"七问"，已经成为教师教学行为的常态。

滥用教辅、生搬硬套的现象越来越少，老师们开始自编"小微专题"训练讲义，在"精""准""透"上下功夫，在效率上要质量。例如：物理学科《浮力》一章，依据知识脉络，确立"浮力及产生原因""浮力的影响因素""阿基米德原理及其应用""漂浮条件及其应用""浮力计算题"等几个训练主题，每个主题精选三、五道重点题型来进行训练、梳理解题思路和技巧，用时短，效率高。精编习题的过程就是教师为学生巧搭一个"脚手架"，为学生解题找到一个突破口，给学生一个清晰的做题思路，从题海里"捞"孩子。课堂上把重点题型和解题困惑都解决了，学生课下的负担自然就减轻了。目前，在习题教学方面，形成了规范的"题型自主练、对点巩固练、错题反复练"的小微专题三级训练模式，不仅减轻了学生过重的课业负担，而且真正做到了"顾两头带中间"，让每个学生都发展的分层教学也成为现实。

2. 激活网络平台，扎实做好"内培"

外培固然重要，但往往教师带不回来"东西"，更谈不上"嫁接"，而且也受经费限制，不是人人都能受益的培训。要想塑造新时代高素质教师队伍，必须扎实做好学校的内部"全培"，这一点，学校之间是有很大差距的。很多学校的微信群、QQ群要么"睡"在那儿，要么只是用来发个通知，但我们学校赋予它更大的作用，教研氛围异常浓厚。我会把学到的好理念、好做法都及时分享到QQ群里，老师们足不出户就可以学习到先进的教学理念和全国各地的好做法；听课中发现的亮点和不足，我都用手机随时拍下来并在图片上做点评，即时上传到QQ群或编辑成美篇进行即时分享，身边的一个个鲜活的案例更具有说服力，在我的影响和带动下，老师们也都经常自发地上传分享，所以，学校的网络教研搞得如火如荼，扎扎实实。

3. 大赛激励成长，练就扎实"内功"

人有压力，成长得就快，学校除了营造浓厚的教研氛围外，还重视大赛的激励成长。区级以上的大赛是有名额限制的，多数教师捞不着参加，所以，学校内部积极搭建比赛的平台，为青年老师们提供历练机会。例如：学校举行的"青年教师素养大赛"，要求2011年参加工作以来的近30位青年教师都要参加，比赛共分为三个模块进行：第一模块，教学才艺展示，有诗朗诵和微课；第二模块，理论与写作，个人博客和论文；第三模块，赛课，一节录课和10分钟教学技能展示。第一模块主要是逼着锤炼自己的教学基本功和学习先进的教学手段；第二模块，其初衷就是想让青年教师成为有思想的行动者。

功夫不负有心人，由于学校培训力度大，措施得力，我校青年教师的成长非常迅速，短期内取得了显著的效果。2016年13位青年教师参加区里的优质课比赛，12人取得一等奖的好成绩；1人获省优质课二等奖，4人获市优质课一等奖，好几位青年教师都已经在区级以上公开课上崭露头角。

（二）"量化"不良行为，让不良行为改进变得"有的放矢"

很多时候，教师身边缺少一个"标杆"，对自己的行为缺乏一个正确的认识。

传统的听评课活动，听课缺乏明确的目标，缺乏真实记录课堂的意识和工具。评课时，缺乏课堂的实证资料，大多是凭自己的经验，关注的是课堂发生的现象，对现象后面隐含的本质剖析不够，缺乏一定的技术支持，这样的听评课，很难改进教师课堂上的不良行为，于是，学校在全市率先对听评课进行了改革，由"听课"改为"观课"，老师们手中多了一个观课工具，即课堂观课量表。这样，活动有主题，听课有工具、有目标，议课有着力点；人人有事可干，人人做"研究"；将实际教学中的不良行为通过指标量化分析外显出来，便于纠正。

如这是一节《透镜》复习课的观课记录的一个观测角度，分为观课点、观课记录、观课反思三个方面。

观课点：主要设计了哪几个学习任务？容量是否合理？

观课记录：①透镜的基本概念、作用及三条特殊光线；②凸透镜成像规律；③眼睛和眼镜；④显微镜和望远镜。

观课反思：容量合理，任务全面。但时间分配上不合理，25分钟处理第一个任务，15分钟处理第二个任务，5分钟处理后两个，任务1处理过细、节奏慢耗费了时间，而本节重点和难点的任务2时间还远远不够。最后两个任务一带而过。

这样一量化，讲课教师自然就会清楚自己的教学设计存在什么问题了。

（三）借力发力，从"单兵作战"到深度合作

学生课业负担过重的一个重要原因就是教育合力的缺失。所有问题都是教师一个人"扛"。一个教师面对上百个学生，不用说别的，单纯是学习困惑，由于课时有限，课堂上解决共性问题时间都不够用，学生的个性问题根本就没时间解决。因此，在很多教师那里，面向每一个个体成了一个空话，很多学生还是得不到教师的帮助的。

唤醒学生的求助和互助意识，实现自我成长。一开始，我们也是和其他学校一样，要求各班级搭建有效的小组来实施合作学习。但在实施过程中，我们发现，很多学生对这种方式认识不到位，总觉得是老师在逼着自己去做，这种行为并不是自发地进行，不是自发的，效果自然不会好到哪里去；尤其是学生之间经常调位，小组的变动频繁；班主任和任课教师之间有时配合不到位，不是班主任的任课教师就很难驾驭学习小组的管理。如何让互助合作不流于形式？我们认为还是得唤醒学生的互助意识和求助意识，打破这种内力，让这种互助和求助意识自发进行。这种行为一旦自发进行，要不要分组和要不要评价激励，都是形式上的问题了。学生有困惑时，不是急于解答，而是把困惑这个"皮球"踢给班里的优势学生群体，引导这帮优势学生群体成为老师们的得力助手，让互助效果最大化。

引导老师们和家长进行深度合作，创建班级学习共同体。走出"家校合作就是请家长批改作业"的误区，让老师们引领家长一起陪伴孩子成长。学校先后实施亲子共读、家长学校、基于网络的家校合作、评选"阳光家长"等有效措施，让家长不受时空限制，快速准确地获得孩子的在校信息，有效地与老师们进行合作共育。

（四）构建有效教师评价机制，避免片面追求教学成绩的不良行为发生

教师教学质量评价对于整个减负系统工程来说是个至关重要的"瓶颈"。要想杜绝教师单纯靠占课、课外补课等低效手段来提升教学质量的不良行为，必须改变单以教学成绩论"英雄"的评价模式，引领教师实现从一个"学科教书人"到"一个学科教育人"的转变。

有人这样定义一个好教师：一个精神富裕、专业化程度高的教师，他能以自己特殊的职业眼光，发现和定位课程引人入胜之处；以最简洁的线条，拉动最丰富的信息；以最轻松的方式，让学生得到最有分量的收获；能从最接近学生现状的起点，带领他们走到离自己最远的终点。这就是一个教师行为的"标杆"。借助这个"标杆"，结合我校的阳光文化理念，我们制定了阳光教师"五有"评价标准。

（1）对学生有温暖的笑脸：尊重和关爱每一名学生，严慈并济，做学生的良师益友。

（2）对同事有和善的态度：坦诚待人，与人为善，有亲和力；尊重同事，工作中既讲竞争，又善合作。

（3）对职业有健康的心态：爱岗敬业，遵纪守规，为人师表；关心集体，顾全大局，勇挑重担，心态平和，具有良好的职业精神。

（4）对教研有不懈的热情：热心教改，带头实施，走在课堂教学前列，教学成绩良好。

（5）对发展有阳光般执着的追求：情趣健康、举止文明、自信乐观，能把个体的发展与学校整体的发展合为一体，教育理念和教育行为具有鲜明的时代气息。

（完成时间：2015年12月，本文系作者主持的已结题的省规划课题）

凸显物理实验教学魅力，培育学生物理学科素养

一、案例分析

案例一：有一个学生问过我这样一个问题："老师，探究电流跟电压、电阻关系的实验原理是什么？"这个学生问题的背后暴露的问题是什么？一线物理教师都清楚，探究实验讲"方法"，测量实验才讲"原理"。很显然，这个学生上了两年物理课，连基本的实验素养都没有。

案例二：在测量型实验和探究型实验中，一般都要进行三次测量，但原因是不一样的，测量型实验是为了求平均值以减小实验误差，探究型实验则是为了使实验结论避免偶然性，使结论更具有普遍性。一个看似很简单的问题，多数学生在回答时，却总是"张冠李戴"。这都是不做实验造成的后果。

案例三："探究电流跟电压、电阻的关系"的实验是学习欧姆定律的基础和前提，很多教师懒于做实验或给学生做实验的时间不够充足，这导致了学生在做题时犯迷糊。例如：小刚用图1所示电路探究"一段电路中电流跟电阻的关系"。

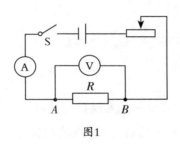

图1

当A、B两点间的电阻由5 Ω更换为10 Ω后，为了探究上述问题，他应该采取的唯一操作是（　　　）

A. 保持变阻器滑片不动

B. 将变阻器滑片适当向左移动

C. 将变阻器滑片适当向右移动

D. 适当增加电池的节数

答案应该选C，而很多同学会去选B。一线教学的教师都很清楚，这道题往往要反复讲上好几遍，学生才可以掌握。

很显然，这种没有学科素养的教学是"假教学"。物理是一门以实验为主的自然学科，很多概念、规律需要通过实验探究来建立，没有实验教学的物理会失去物理的学科特点，学生的学科素养的培养更是无从谈起；受应试教育、急功近利思想的影响，目前，物理实验教学仍不够乐观。有的教师放弃实验教学，学生只是看实验、背实验而不是动手做实验；有的教师做黑板实验；有的教师则通过Flash动画"做"实验，电脑仿真实验室实验，只在讲公开课、比赛课时认真做实验，平常能偷懒就偷懒。虽然多数时候靠"背实验"也能拿高分，但在注重过程学习的今天，这样做的后果是有时未必能够满足中考要求。

看下面这个考题：

图2所示，是小芳同学探究"平面镜成像特点"的实验装置。

（1）在实验中用透明的玻璃板代替平面镜，主要是利用玻璃透明的特点，便于_____。

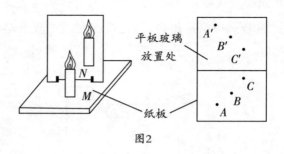

图2

（2）在竖立的玻璃板前放一支点燃的蜡烛M，可以看到玻璃板后面出现蜡烛的像。小芳拿另一支大小相同的蜡烛N在玻璃板后面移动，直到它跟蜡烛M的像完全重合。由此可以得出的结论是：_____。

（3）实验时，小芳同学应在_____（填"M"或"N"）侧观察蜡烛M经玻璃板所成的像。

（4）细心的小芳透过玻璃板观察蜡烛M的像时，看到在像的后边还有一个较模糊、与像有部分重叠的像，出现两个像的原因是_____。

（5）经过三次实验，记录的像A′、B′、C′与物A、B、C对应的位置如图所示。为了得到更多的实验结论，接下来小明应该进行的操作是：_____。

这是2013年我市的中考物理试题中的一道实验题。据参加过2013年中考阅卷的市教科研中心的老师说，这道题的得分率很低。

再如：

小丽用如图3所示的装置，研究电流通过导体时产生热量的功率与导体的电阻的关系，图中两个烧瓶中盛有质量和温度都相同的煤油，温度计显示煤油的温度，两瓶煤油中都浸泡着一段金属丝，烧瓶A中的金属丝是铜丝，电阻较小，烧瓶B中的金属丝是镍铬合金丝，电阻较大。

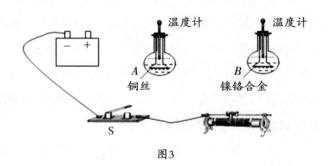

图3

（1）实验时，小丽应把两段金属丝_____接入电路（填"串联"或"并联"）。这样连接的目的是_____。

（2）请你用笔画线作导线，帮她完成电路。

（3）实验过程中，小丽是通过_____来反映电流通过导体时产生热量的功率大小。在实验中，可以观察到A瓶中温度计的示数比B瓶中温度计的示数升高得慢，这表明_____。

这个题的第3问，大部分同学答不上来。其原因很简单，"电流通过导体产生的热量跟电流、电阻和通电时间的关系"实验，一般教师都懒得做这个演示实验，更谈不上做分组实验。

二、教学方法分析

有人做过形象的比喻：一幢华丽的大楼，你看一眼再复认时，不用语言表达，便能认出。而让你读一遍作家对这一大楼的文字表述后，再去复认这一指定的大楼时，始终比不上"你曾看一眼的功夫"。

有不少教师意识到了这一点，在教学中很想重视实验的教学，但每每谈及实验教学又苦不堪言。实验探究花费了不少时间但结果收效甚微。那么该如何搞好实验教学和实验的复习教学呢？

首先，就实验新授课，谈谈自己的一些看法。

（一）教师要敢于放手

好多老师怕学生没有能力独立完成实验，这一步不放心讲一讲，那一点又怕学生出错，再说一说，表面上看似是在点拨，实际上就是不想放手，"可怜天下老师心"，学生只好被动按照老师预设的实验思路去机械地进行实验操作，课堂上只有师生之间的"我问你答"，没有生生之间的"思维碰撞"，这样，会限制学生的创新思维，这样的实验课是低效的。曾经在一节"探究凸透镜成像规律"的实验公开课上，一位老师课前精心设计了5个活动：

活动一：探究测算凸透镜焦距；一般来说，凸透镜的焦距应该是5 cm、10 cm两者之一，如何确定自己所用凸透镜的焦距？

活动二：探究光学元件中心不在同一高度时的成像特点，保持物距、像距不变，分别慢慢向上、下移动光源，观察光屏上像的移动情况；上下移动透镜呢？

思考：物体中心、透镜中心、光屏中心不在同一高度时，会出现什么情况？

活动三：探究凸透镜成倒立缩小实像的规律需要三组不同数据，分析规律。

活动四：探究凸透镜成倒立放大实像的规律，保持"活动三"时的滑块元件底座不动，仅把光源和光屏交换位置，看光屏上是否有清晰的像，若不行就将光屏换成一张白纸。

活动五：探究凸透镜作放大镜时的规律。

然后，教师课上领着学生逐一完成，学生的自主探究没有得到很好的体现。而且在做完"探究凸透镜成倒立缩小实像"这个实验，这位老师请一位学生来回答看到了什么现象。这个学生没有按照老师预设的答案去回答，实事求是地说出来自己的观点：当物距大于像距的时候，会成一个倒立缩小的实像。这不是一个很好的发现吗？但这位老师没有给予鼓励，还说了一句"这不是我想要的答案"。

（二）要注意问题引领

很多时候，教师控制不了实验课堂的原因，是因为学生根本不清楚做实验要探究什么，满腹困惑，只凭好奇心乱做一气，课堂自然就会混乱起来。因此，教师在备课的时候一定要先预设好问题，用问题来引领探究。例如："探究凸透镜成像规律"这个实验，可以设计这样一个"问题串"：①为什么要使物体中心、透镜中心、光屏中心在同一高度？如何调节？②凸透镜在什么条件下成实像？在什么条件下成虚像？③凸透镜在什么条件下成缩小的实像？在什么条件下成放大的实像？有没有正立的实像？有没有倒立的虚像？

课上，利用课件展示出这些问题，先引导学生猜想讨论，然后让学生带着这些问题去探究，有事可做，自然实验课的秩序也就规范多了，实验课的效果也就有了。

（三）重点环节要舍得花时间

现在部分教师还有一个错误的认识，以为简单讲讲实验步骤，然后看着学生做实验，最后讲讲实验结论就算完成教学任务了。毫无疑问，这样的实验课是被动的、低效的，学生只是一个机械的操作员而已。例如："探究凸透镜成像规律"这个实验，如果上课时教师的讲解占用过多时间的话，学生对实验现象的观察，数据的测量、分析，规律的发现上花费的时间就不充分，而后者恰恰是这个实验的重点。这样导致的后果是实验做了，但学生还是满腹困惑，做题漏洞百出。

总之，搞好实验教学，还物理学科魅力，育学生学科素养，每一位物理教师责无旁贷。

（完成时间：2016年2月，本文于2016年在《中学物理》上发表）

在物理教学中落实学生核心素养的几点尝试

物理学科的核心素养是学生在接受物理教育过程中逐步形成的适应个人终身发展和社会发展需要的必备品格和关键能力，是学生通过物理学习内化的带有物理学科特性的品质，是学生科学素养的关键成分。新一轮课程改革告诉我们，成功的物理教学应实现从三维目标到核心素养的整合。下面是我在教《功率》这节课时的一些尝试，和各位同仁交流一下，不当之处，请批评指正。

《功率》是"人教版"义务教育教科书八年级下学期《物理》第十一章第二节的内容。功率的概念是机械功概念的进一步延伸，来源于生产和生活，在生产和生活实际中应用的例子很多，而且功率与力、功率与速度的关系是联系实际生活和科学实践的纽带，教学中如何充分利用这一优势，使抽象的物理概念变得富有实际意义，是处理好本节课教学的关键。同时，能否有效地和速度、密度、压强等物理概念的学习进行有效链接，实现知识与能力的正向迁移，达到触类旁通的效果，真正做到高效学物理，也是一个关键点。

试想，即使我们把开车要领记得滚瓜烂熟，但实际开车时还是会遇到很多的实际问题。学生的学习困惑，很多是在训练过程中暴露出来的。"功率"的学习可以说是"比值定义法"的又一个案例而已。前边有了速度、密度、压强的学习铺垫，因而对功率概念的引入学习只要做好有效链接就可以了。传统课堂上，老师把功率的概念学习当作一个全新的知识，花掉了大量时间来引入这个概念，学生训练的时间很少或没有，学生缺乏消化和巩固知识的时间。

学习困惑得不到及时的暴露和解决，自然形成了学习障碍。把教师讲解的这部分时间进行压缩，充分保障学生当堂进行应用训练的时间。教师精编问题、习题，把学生训练过程中可能出现的思维障碍以问题的形式进行预设，然后师生、生生互助逐一将问题解决。这样就可以彻底转变"课上听讲,课下练,听懂了,题不会做"的低效学习局面。

本节课的教学设计遵循一个"质疑—释疑—发展"的原则。把握两个关键点:先学后教,当堂训练。

一、质疑释疑、类比迁移,从"知识的获得"层面上升为"核心素养"层面

传统课堂上,功率的概念是靠老师讲出来的,然后让学生通过机械的操练加以巩固。把功率与速度、密度、压强等概念的学习孤立开来,学生获得的是零碎的、不系统的知识,这种"只见树木不见森林"的教法是低效的,这样教出来的学生只会一味地接受,缺乏问题意识,没有获得能力的发展和提升学科的素养。学生感觉物理知识越学越多,越学越难。在初中物理中,功率与速度、密度、压强的学习应该归为一类概念教学。这一类概念的教学,关键是在八年级学习第一个速度概念时,引入定义这类物理量的方法——"比值定义法",并让学生真正领悟掌握。一旦这个方法掌握了,后边学习密度、压强和功率,就完全可以采用类比迁移的方法进行教学,把多个问题归为一类问题,用一类方法来解决,一石数鸟,就能起到很好的知识、能力双赢的效果。下面是功率概念的引入教学。

首先创设两个问题情境,引导学生质疑,合作释疑,这样设计有利于培养学生的问题意识和沟通合作能力。

问题情境1:如图1所示,小明上课的教室在五楼,通常他上楼需1.5 min。有一次,他跑步上楼只花了40 s。小明两次做功一样多吗?一样快吗?为什么?

图1

问题情境2：如图2所示，小芳和爷爷爬相同的楼时，做功相等吗？做功的快慢一样吗？你认为做功的快慢与哪些因素有关？如何表示做功的快慢呢？

图2

接着，类比建立速度概念的方法（表1），这样学生自己就完全可以顺理成章地引入功率概念。学生自主经历功率概念的建立过程，一个看似复杂的问题就可以迎刃而解，学生不只知道了什么是功率，还掌握了物理概念的学习方法。

表1

物理量	速度	功率
物理意义	表示物体运动快慢	
定义	路程与时间之比	
计算公式	$v=s/t$	
单位	m/s　km/h	

二、构建思维训练平台，提升学科思维能力、解决实际问题能力

这个环节要充分发挥教师的主导作用。将抽象的功率问题与生活实际联系起来，将抽象的物理概念变得富有实际意义。不只是训练学生的解题技能，还要让学生感觉到学得有意义，有成就感。

例1：晓静同学在体育课上进行跳绳训练时，她1分钟跳了120次，每次跳起的高度为4 cm，已知她的质量为50 kg。（g取10 N/kg）

求：（1）晓静跳一次做的功。

（2）晓静跳绳时的平均功率。

解析：（1）$W=Gh=mgh=50\ kg \times 10\ N/kg \times 0.04\ m=20\ J$

（2）$P=\dfrac{W_{总}}{t}=\dfrac{20\ J \times 120}{60\ s}=40\ J$

例1采用一个在生产和生活实际中应用的例子，而且是学生自己身上发生的事，贴近生产和生活的主要目的是培养学生灵活解决实际问题的能力，同时将知识与生活实际接轨，达到学以致用的目的。

例2：一辆汽车以30 m/s的速度在公路上做匀速直线运动，已知发动机对汽车的牵引力为2000 N，求汽车发动机的功率。

解析：$P=\dfrac{W}{t}=\dfrac{Fs}{t}=Fv=2000\ N \times 30\ m/s=6 \times 10^{4}\ W$

例2主要是训练学生灵活变通能力。公式的灵活变通是物理学科中一种很重要的学科技能。不只是在这一节中有，还有好多时候要用到，为培养学生灵活变通公式的能力，教师没有直接给出推导$P=Fv$这个公式，而是放在一个实际的情境中让学生自己去解决，其目的就是培养学生的灵活解决问题的能力。

例3：汽车爬坡时，驾驶员通常要换成低速挡，以减小汽车的行驶速度，为什么要这么做呢？

汽车以恒定速度上坡，驾驶员应如何操作？

解析：①汽车发动机的功率是一定的，根据$P=Fv$可知，当v减小时可以增大F的大小，即减小汽车的行驶速度，这样做可以增加汽车爬坡的牵引力。

②汽车以恒定速度上坡时，上坡需要较大的牵引力，根据$F=\dfrac{P}{v}$，v一定时，需增大F则需增大P，即驾驶员应加大油门。

例3主要是通过创设一个实际的问题情境，引导学生会利用$P=Fv$来解决功率与力、功率与速度的关系。将学到的知识应用到实际生活中去，这正是学科素养培养的目标之一。

三、搞好"微专题训练"提升训练有效性，减轻学生课后的学习负担

好多教师把精力主要用在如何讲好一节课上，不太重视习题教学的质量，

机械重复的训练较多。殊不知学生物理学不好的原因除了"知识理解不到位"外，还有一个主要的、容易被大家忽视的原因就是"练不到位"，即练不精、练不准、练不透。重视与改进习题教学是目前物理教学中亟须解决的一个重大难题。

围绕目标精选习题，题目典型、题型全面、题量适中，同时，既要兼顾到学困生，又要保证尖子生吃得饱。力争当堂完成，当堂反馈。学生做题中暴露的问题基本都在课堂上解决了，课后的负担自然就减轻了。

在《功率》这节课中，功率概念的理解、基本计算是训练的重点。围绕这几个点来组合题目。

1. 关于功率的说法，正确的是（　　　）

A. 功率大的机器做功多

B. 单位时间内做的功越多，其功率越大

C. 速度越快功率越大

D. 作用力越大，功率越大

2. 一台机器的功率是750 W，它表示的意思是（　　　）

A. 这台机器1 min做的功是750 W

B. 这台机器1 min做的功是750 J

C. 这台机器1 s做的功是750 J

D. 这台机器1 s做的功是750 W

3. 春游时两个体重相同的学生分别沿缓坡和陡坡爬上同一座山，结果同时到达山顶，则两人爬山过程中所做的功和功率的大小关系是（　　　）

A. 爬缓坡的做功和功率都较小

B. 爬缓坡的功率较小，但做功相等

C. 两人做的功、功率都相等

D. 爬缓坡的做功较小，功率相等

这三道题主要是强化对功率概念的理解。学生的困惑主要是第3题，审题不仔细，受干扰条件影响作出错误判断，这是学生做题中最容易暴露的问题，通过这道题训练学生的审题能力。

4. 甲、乙两辆汽车在公路上匀速行驶，如果它们的功率相同，行驶速度之比$v_甲 : v_乙 = 2 : 1$，在相同的时间内，甲、乙两车牵引力做功之比为_____。

5. 某辆轿车在平直高速公路上匀速行驶1.8 km，轿车上速度表如图3所示，则此过程中：

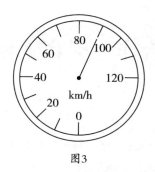

图3

（1）若轿车发动机功率为40 kW，则该车行驶时所受阻力多大？

（2）如果驾驶员脚踩在制动器踏板上的力是50 N，脚与踏板接触面积是40 cm²，那么脚对踏板的压强是多大？

第4题属于比例计算问题，这一类问题是计算类中的一类典型题目，也是学生易出错的题型。第5题是一道简单的综合题，主要是训练学生简单的综合分析能力。

总之，在新课程背景下，让物理教学有效促进学生核心素养的提升，是每一位从事物理教学工作的教师需要深思的问题。物理教学中教师若能将物理学科核心素养教育落到实处，将会为学生今后生活和工作做好准备，使学生养成终身发展所需的必备品格与关键能力，真正实现素质教育。

（完成时间：2017年4月）

实施深度合作，促育人质量最大化

在课改进入深水区的今天，家校合作、小组互助已成为全国各地各学校各位教师的课改热点，但真正落实到位的还是少数。2015年，我在自己的教学中展开了一番尝试，到现在近两年时间，已初见成效。下面两个表格是我在这两年的研究过程中所做的学生成绩跟踪分析。表1、表2中的11班、12班是2015年9月份接的两个班，这两个班七年级期末的成绩分别排在年级第9和年级倒数第一（年级共12个班）。表1是我刚接班1个月后的成绩，表2是学期期末成绩，从表中的数据可以看出期末成绩优秀率、及格率明显有了质的飞跃。

表1

2014级10月份物理单元测试成绩分析						
分数	年级	平均	11班	名次	12班	名次
90分以上	68	6	9	3	3	11
80～90分	133	11	8		13	
80分以上	201	17	17	6	16	7
70～80分	154	13	12		7	
60～70分	124	10	14		13	
不及格	190	16	13	11	19	2

表2

2014级期末物理成绩分析							
分数	年级	平均	最高	11班	名次	12班	名次
满分	39	3.3	7	6	2	1	12
90～100分	332	28	34	34	1	28	4

2014级期末物理成绩分析							
分数	年级	平均	最高	11班	名次	12班	名次
80~90分	132	11		16		15	
80分以上	464	39		50	1	43	3
70~80分	76	6		2		5	
60~70分	42			4		1	
不及格	86	7	13	0	12	7	并列第4

2017年9月，我因工作需要又重新接了八年级两个班、这两个班的基础要比2014级那两个班好一些，但两个班差距较大，12班的优秀率明显低于11班，表3是这个学期刚刚考完的期末考试成绩，两个班已经没有差距，12班高分段人数不亚于11班，这两个班的优秀率、及格率远远超出其他平行班。

表3

2015级八年级下学期期末物理成绩分数段人数对比						
分数	年级	平均	11班	名次	12班	名次
满分	12	1	1	2	3	1
90分以上	71	6	11	1	10	2
80分以上	175	14.6	23	1	19	2
70分以上	277	23	30	1	27	2
60分以上	364	30.3	37	1	35	2
不及格	243	20.2	17	11	15	12

一、一线教师面临的教育困惑

受传统教育思想观念的影响，一些教师总认为教学就是一个人跟学生的"单兵作战"，教师很辛苦，学生很痛苦。"尽力"而不会"借力"，甚至是陷在这个教育盲区里不能自拔。

（一）作业批改费时低效

批不批改作业，一直是一线教师感到比较困惑的一个话题。一个物理老师一般要带4个班的课，每天4节课，大都是上午第3节就有课。没课的时候，不用说备课，单纯是批改4个班200多份作业，累够呛还批不完。作业没有批，学生上交作业的积极性就没有了，时间长了，作业也懒得交了，课后落实就是个问题，课后落实跟不上，教学质量自然上不去。很多时候教师要靠检查作业来了解学情，学生不交作业，学情如何了解？仅凭教师个人的主观臆断去上课，效果自然是大打折扣，更无语的是教师根本没有时间静下心来好好"磨课""磨题"。每天都是机械应付，师生身心都疲惫。

（二）学情反馈无畅通渠道

多年来，学生学习上出了问题，反馈的主要途径就是教师跟学生之间的沟通，当然这是主要渠道。但单凭这一个渠道是远远不够的。在课改的今天，很多教师也意识到了家教合作的重要性。"作为教师，只能在每个孩子受过某种家庭影响后再施于影响。"孩子学习态度的端正，兴趣的培养更多地来自家庭的熏陶，或者是家校的高度一致，单方面地依赖教师可能得不到保证。我们都清楚：老师带的不是一个班，而是两个班，一个是"学生班"，一个是"家长班"。但这个"家长班"怎么来带？渠道在哪里？目前仍是一线教师没有解决好的一个难题。

（三）课后落实无"着力点"

学校里很多学生是走读生。这些学生除去在校的8小时以外，其他时间加上周末和假期都在家，在家的学习时间也是不容忽视的。很多学生就是因为在家的学习落实不到位，学习效果得不到有效保证，才慢慢沦为学困生的。如何搞好课后落实也是摆在一线教师面前的一个困惑。

（四）学困生得不到有效帮助

一个物理老师一人要面对200多个学生，每周的课时有限，又不能乱占用自习课。课堂上的主要精力放在了解决重点、难点等知识上的困惑，对于班里的那些学困生，真是心有余而力不足。这些学困生更需要的是个性化帮助，这个需求很难得到满足。

二、借力施力，实施深度合作，全面提升育人质量

（一）家校合作，实施"无缝学习"

无缝学习是指学生在有求知欲时，能够随时在不同情境下学习，且在移动

通信设备的辅助下，快速且容易地在不同学习情境间切换。这些情境包括个人学习、小组学习、社区学习等，还可能有教师、家长、图书馆人员、专业人士或其他辅助团体的介入。这些学习情境可以是面对面，也可以是远程传输。地点包括教室、校园、家、工作场所、动物园、公园等。

无缝学习是数字时代的新常态。它可以实现课堂内与课堂外的融合，让学生随时随地展开学习。一部手机、一个QQ群就能搞定。但提到手机，大部分家长是抵触的，首先得做好家长的沟通工作。

1. 作业批改

很多学生成绩慢慢下滑的主要原因就是每天的学习困惑得不到及时的解决，学生晚上完成作业后接着自主批改，解决当天的学习困惑，不积累困惑，自己解决不了的用红笔圈出来告诉教师。教师进行二次批改，重点看学生的错题，分析错因，及时反馈到群里，作出纠错方案或调整教学进度。省出的时间把学生错得多的题目整理出来，印成讲义，让学生再做一遍，这样课后落实就扎实有效了。

2. 课后辅导

将课上一些重点、难点、易错点以图片或视频等形式上传群里，供学生晚上预习、复习用，给那些接受慢的孩子课下再巩固的机会。学生不会的问题会随时在群里向教师求助，教师的个性化辅导也就不再受到课时和时间的限制了。

3. 理念培训

很多家长只要求孩子学习，自己不学习，教育孩子的理念落后，在家里只会唠叨发火，结果是越管孩子越逆反，甚至跟孩子搞到很僵的局面。这样的家长只会越帮越乱。带好"学生班"的同时得带好这个"家长班"，引导家长学会管理、教育孩子。

在群里经常上传一些家庭教育的好文章、好案例，让家长们来学习。针对家长在教育孩子方面暴露的问题，做好即时培训，这种培训更实际。例如：我把作业分为三类：课前预习类、新课后的解惑类和巩固类。其中，最难做的是解惑类作业，每个单元的基本题型和解题技巧类的思维训练，这类作业都是先发给学生自主完成。一开始，家长不知道这种"先学后教"的教学理念，误以为孩子没有学好，看到孩子不会做，就让孩子放弃，等课堂上听教师讲解，殊不知无形中培养了孩子一种"知难而退"的不良品质，只让孩子吃"嚼过"的"馍"，孩子的思维得不到训练，慢慢学习能力就下降了。决定学生学习成绩差异的最重要因素不是智力，而是学习品质。学习成绩优秀的学生在困难面前能够迎难而上，大部分学生是知难而退啊！以前，到八年级下学期学习浮力、简单机械的时候，很多学生是愁眉苦脸，现在，皱眉头的没有了，这样的题都是抢着做。

（二）构建新课堂，培养学生的合作意识、求助意识

学困生的工作是制约大面积提高教学质量的一个瓶颈，是老师们最费神费力的。怎样才能增强学困生的学习意识，引起学困生的学习兴趣，激发学困生的学习热情呢？单凭一个任课老师的力量是无法做到的，发挥好班里优秀生的作用是关键。除了班里学习小组统一规定的要求外，我注意做到了以下几点：

1. 感化

学困生最大的问题不是智力问题，而是心态问题，不会也不问。我就让组里的优秀生主动给他们讲，让他们觉得不好意思。我故意开玩笑说："不会的问题在课堂上问不用花钱，课后去上辅导班还得花钱，你问不问？"

2. 放手

受传统学习方式的影响，学生习惯了听老师讲，一有不会的问题就想等老师来解决，他们的个性化问题太多，单凭老师一个人是解决不过来的。要让他们打消这个念头，有困惑先在小组里解决。例如，试卷讲评课，先在组内解决个性问题，老师只解决组里解决不了的共性问题。这一招，逼着不会的学生主动去问会的同学，时间一长，这种好问的习惯也就培养起来了，老师也轻松了许多。

3. 要求

优秀生在具体解答时，要先讲思路，后讲做法，让学困生自己整理过程。具体流程是：这个问题你是怎么想的？应该怎么想？为什么要这样想？还有别的思路吗？把解答过程工整地写出来给我看一下好吗？这样，学困生在问问题之前就必须有自己的思考，再听优秀生讲解时也有自己的思路了。

4. 激励

在班里、在群里表扬表现好的优秀生、学困生，让优秀生体会到助人为乐的幸福感，让学困生增加学习的兴趣与自信心。

　　总之，一线教师要努力做智慧型教师，积极求得家长和优秀生的帮助，面向每一个个体，让教育最大化，实现大面积提升教学质量，落实好学生核心素养的培养。

（完成时间：2017年6月）

做适合学生的有效复习

"用了两天的时间，准备今天的第一堂复习课，结果呢？第一节批完作业后无奈临时改变了计划。一道实验题，新学阶段练过，考过，还做过错题梳理，学生却还是做得一塌糊涂。不得不感慨的是很多学生学习的效率还是很低的，在'瞎忙'。"复习伊始，得先和学生们一起反思反思再上路！这是2018年1月份我在QQ空间留下的一段话。这大概也是很多一线教师的心声。

这里先请老师们思考几个问题：

（1）你还在按册，按章、节复习吗？

（2）你还在一轮"跑"课本，二轮搞专题吗？

（3）复习只是为了中考吗？

（4）复习课，就是"炒回锅饭"吗？

（5）你了解你的学生吗？你知道他们在复习中有哪些困惑吗？

传统的一轮复习做法：①按册：八年级上、下，九年级；②按章、节进行。

这样复习的弊端：

（1）不便于对相关联的知识点进行综合复习，而中考以综合测试为主，多数学生欠缺的是综合分析问题的能力。模块复习就能够很好地解决这个问题。例如："机械运动"和"功、功率"联系密切，"质量和密度"与"压强、浮力"联系密切。

（2）复习时间的分配上容易前松后紧。尤其是近几年实施实验操作考试以来，学生真正能够静下心来复习的黄金时间是3、4月份，这段时间最好用来解决重点问题，有精力、有时间，复习效果好。因此，我校物理课程先从力学开始复习。

一、我校的复习方案

方法："模块+专题"复习。

原则：

（1）立足学生实际，缺什么补什么。抓点（热点、重点、易错点、遗漏点）复习，精准发力。

（2）先自主后合作。

（3）先学后教。

目标：实现"成绩与能力"双赢。

关键词：整合、综合、效率、能力。

二、立足学生实际，缺什么补什么

（一）整体建构知识的能力培养

在日常的教学设计中，更多地习惯于以课时为单位，把本来完整的物理知识体系拆解成一节节课，离散的目标教学取代了对知识的整体领悟，从而导致对概念内涵和规律特征难以正确把握，知识结构难以形成，知识点凌乱，散乱的东西就会造成思维的混乱，记忆的难度，理解的障碍，而多数学生又欠缺这种整合的能力，这个工作得由我们老师来完成。

我们的具体做法就是：从课程的视角对复习设计进行整合，基本做法是确立"模块复习设计"思想；整合知识点，建构知识体系，将复杂问题简单化、简约化。

（二）综合分析问题的能力培养

例1：一杯酒精倒出一半，剩余酒精的质量、密度、比热容和热值的变化情况是（　　　）

A.质量、密度、比热容和热值不变

B.质量变为原来的一半，密度、比热容和热值不变

C.质量和密度变为原来的一半，比热容和热值不变

D.质量和热值变为原来的一半，密度和比热容不变

这是一道综合考查质量、密度、比热容、热值等概念理解的典型题目。

例2：国产舰载机在"辽宁号"航母上的成功起降，标志着中国航母时代的到来。下列关于舰载机的说法错误的是（　　　）

A. 飞机的速度越大，惯性越大

B. 飞机起飞的过程中，运动状态不断改变

C. 飞机飞离航母后，航母所受的浮力变小

D. 飞机飞行时，机翼上方空气流速大、压强小

这是一道速度、惯性、浮力、流体压强的综合题。

例3：把一个体积是500 cm^3的木块放入容器的水中，木块的2/5体积露出水面。已知容器底面积是250 cm^2，现将一金属块B放在木块上，木块恰好全部没入水中。

求：（1）金属块B的质量。

（2）水面变化的高度。

（3）容器底部所受压强改变了多少？

这是一道典型的压强和浮力的综合题。

这就要求我们在复习的时候要注意：前"勾"后"连"抓综合，注重深度复习，综合分析问题的能力培养。如图1所示：

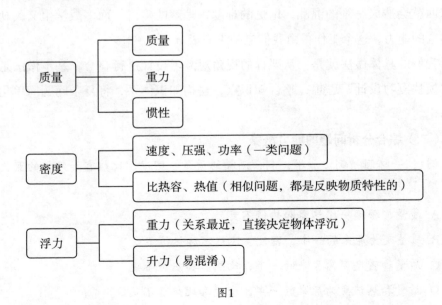

图1

（三）复习效率

复习时间短，复习任务重，又不是主科，如何在较短的时间内取得最大的收益？是我们物理老师都在冥思苦想想要解决的问题。目前，大部分学校还是处于"占课、多布置作业"的一个恶性循环中。在复习时间短的情况下教师的精讲点拨显得尤为重要。

案例1：压强部分复习就分三个模块，只讲三个问题

（1）压力的大小（与重力关系）。

①压力不都是由重力产生的。

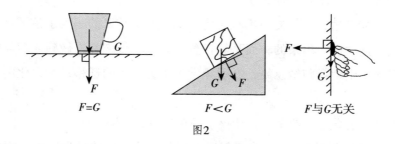

$F=G$　　　　$F<G$　　　　F与G无关

图2

②压力的大小不一定都等于重力。

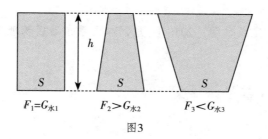

$F_1=G_{水1}$　　　$F_2>G_{水2}$　　　$F_3<G_{水3}$

图3

（2）关于公式$p=\dfrac{F}{S}$与$p=\rho g h$中F、S、h的物理含义与两个公式的灵活运用。

（3）实验专题复习：影响压力作用效果的因素、液体内部压强特点、大气压强的测定、流体压强与流速的关系等。

案例2：活力、高效的"五步"专题训练复习法

15分钟自主检测→教师巡视、面批，了解学情→小组互助解惑→题型归类总结、提炼方法、升华能力→生生间"金点子"分享，教师点拨。

（四）求助和合作意识培养

虽然在合作交流学习对改善课堂气氛和大面积提高学生的学业成绩起着重要的作用上已经达成共识，但合作交流学习的实际效果并不理想。其原因就是教师并没有用心去激发学生自主的求助意识和合作意识。一旦这两种意识培养起来，小组的划分就是一个形式的问题了。有问题随时交流，找谁交流都行。

三、几点建议

（1）复习课受学生的基础影响很大，基础不同，适用的方法也不同，一定要了解学情，做适合学生的复习。

（2）不能"短视"，复习不只是为了中考，更重要的是为了孩子将来的发展，成绩不是"搓"出来的，而是靠智慧、靠效率得来的，做到成绩与能力共赢。①帮助学生学会归纳总结；②引导学生学会知识的迁移；③强化学生深化与领悟知识。

（3）教师要敢于"放手"，让孩子们在自主、互助中成长。

"用心"做好我们的每一节"复习大餐"，让我们的学生"吃"得津津有味，甚至是回味无穷，若是这样，还用担心我们的复习效果吗？

（完成时间：2018年3月，本文系东港区物理研讨会发言材料）

丰实教师成长"双翼"，提升学校内涵发展水平

办学理念：阳光教育培育阳光少年。

治校方略：以学生为中心，以质量为核心，以改革为动力。

人才理念：每个学生都是重点学生，每个学生都能成人成才。

一、课题引领，打造智慧型教师队伍

学校教科研的工作重点就是：让老师学会做研究，靠自己解决教育教学中的难题，同时提升自己的专业度。

课题研究的着力点在课堂：从2011年11月份开始，我校借鉴全国各地学校一些先进做法，结合我校阳光教育特色，引领老师们进行"阳光课堂"改革，从此，推开研究的大门。

"立柱架梁"——"356阳光课堂"的内涵。

三特质：温暖、活力、高效。

五关注：关注学生的情知基础；关注学生的生活体验；关注学生的当下需要；关注学生的独特感受；关注学生的认知效果。

六环节课堂教学模式：

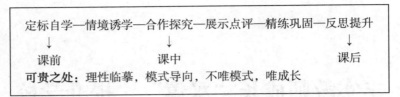

图1

（一）观念引领，示范带动

教师放手，让学生自己主观能动地去探究学习，教师更多地是担当"指导者"，养成良好学习习惯的"监督者"及在学生学有难处时解决其疑难的"辅助者"。

（二）"内部装修"——率先利用观课量表优化课堂教学

抓住问题核心：以学定教，以生为本，先学后教，少教多学。

积极关注"五度"：自主学习程度、课堂探究深度、小组合作效度、学习参与广度、目标达成精度。

（三）任务驱动：设立校级小微课题，小切口，大效益

教研组、备课组的学期计划也是学期研究课题，所有活动围绕研究主题进行。

名师、学科带头人、骨干教师必须有自己的研究课题，纳入常规检查。日照港中学校级小微课题一览表（2019年2月）见表1。

表1

序号	主持人	课题名称	课题组成员
1	贺同柱	文学社团课程的实践探索	胡善芬、任春燕、卜丽琴、毕善云
2	胡善芬	复习课如何变重复讲授为深度探究	李显云、王明辉
3	卜丽琴	中考作文训练的有效性探究	胡善芬、郭遐、王萍、梁洪斌、王慧
4	孙洪芳	如何提高学生的英语听、说能力	杨凤霞、张秀华、何晓晖、程桂芝
5	何晓晖	文化背景知识在初中英语阅读理解中的作用	孙洪芳、杨凤霞、程桂芝、张秀华

序号	主持人	课题名称	课题组成员
6	秦 琼	英语听、说教学初探	丁杰雄、卞秀慧、韩春华、刘梦娜
7	秦 霞	作业批改实效性的研究	宋成兵、张健、路日英
8	朱晓萌	以学定教，当堂达标，提高教学的深度	王均荣、李桂娟、朱晓萌、刘凤、张瑜、崔希华、贾燕
9	李 惠	初中音乐课堂合唱教学有效性研究	滕倩、秦璐阳
10	赵 丽	让民间美术走进课堂的实践研究	汉丹、高玉梅
11	王 军	巧用历史核心素养，帮助历史学困生脱困的教学研究与实践	高为周、邹见芳、王学术、韩邦彩、张伟
12	林迎军	提高初中数学课堂教学有效性的策略研究	刘洋、张健、丁立芹、王玉、安磊、宋成兵、门玉慈
13	安彩云	从培养信息技术核心素养入手开展课堂教学	李栋、林舒婷

原则：杜绝花钱买课题，不求人人搞课题，但求人人搞研究。

成果之一：

唤醒了两种意识：一是学生的互助意识，让合作学习自主发生。"不用不用，我们自己……""老师再等等，我们还没有讨论完。"二是学困生的求助意识，有勇气开口说："这道题怎么做？"

养成了三种学习习惯：自主学习、互助学习、反思学习。

培养了四种好品质：阳光向上、乐于助人、迎难而上、自主发展，这些都是学生未来发展必备的好品质。

反思学习是成绩提升的一个重要手段，但也是大部分学生缺失的一种习惯。

成果之二：

课题"构建阳光高效课堂的实验与研究"，荣获山东省教学优秀研究成果二等奖。

2018年度，我校课题研究创历史新高。有四项省级课题顺利结题。一项国家级课题立项，一项省级课题立项，一项市级课题立项。

（四）深化

一个成绩很优秀，但是很自私、小气的学生也是一个"瘸腿生"，这样的学生将来走不远。

以人为本，把关注教师和学生的成长放在阳光课堂建设的优先位置，尤其是学生必备品格和学习能力的培养。

从育人的价值导向角度，教师要重建"五观"：

育人观——立德树人，全面发展，培养社会主义建设者和接班人。

课程观——个性发展，育人载体，特色建设。

教学观——学科教学向学科育人转变，课堂是师生共度的一段生命旅程。

质量观——综合的，聚焦人的培养，绿色的。

评价观——诊断性、激励性和发展性评价。

没有深度的教学就谈不上核心素养的落实。

回归教师中心，提升教师专业素养，落实深度教学，让核心素养落地开花。

二、搭建三大平台，助推教师队伍建设

（一）素养大赛，加快青年教师成长步伐

高起点：一年就过关，三年就胜任。

严要求：没有拿到省优就还是"青年"，就要参加素养大赛。

全方位：比赛时间，历时5周。讲、写、多媒体技术等全面考查。

第二届素养大赛的比赛内容分三个模块进行。

第一模块　赛课

第二模块　论文

第三模块　微课

实举措：只有素养大赛选拔出来的优秀选手才有资格参加区级以上的各类比赛。

参加区优质课评选的，备课组反复听课，请专家来听课。

重激励：学校其他活动很少有奖励，只有素养大赛每届都有象征性的物质奖励。

结硕果："嘴上没毛，办事不牢"的传统看法被打破，我校青年教师不仅

教学成绩突出，班级管理也不逊色于老教师。

2016年，13人参加区优质课评选，12人获一等奖；

2018年，4人参加市优质课评选，3人获市优质课一等奖；

2018年，有4位青年教师的课例在省"一师一优课"评选中，被评为优秀课例，列区初中学校入围率第一。其中，刘洋老师是2017年刚入校的青年教师。

教师兴，则教育兴；青年强，则学校强。

（二）集体备课，促进教师队伍均衡发展

集体备课为教师的交流、互动、共同提高、共同发展提供了舞台。教师在集体备课中，可以凭借自己的经验和独特的表现形式，通过心灵的对接、意见的交换、思想的碰撞、合作的探讨，实现知识的共同拥有与个性的全面发展。学校非常重视集体备课这一团队活动，有效激发了教师发展内驱力，以蓝带青，以青促蓝，呈现出"以优促新，互学共进"的良好局面。2017—2018第二学期集体备课时间安排一览表见表2。

表2

学科	七	备课时间	八	备课时间	九	备课时间	分管领导
语文	任春燕	周二上午第2节	王 萍	周三下午第1节	卜丽琴	周一上午第3节	郑祥平
数学	许秀竹	周四下午第3节	门玉慈	周二下午第2节	林 静	周二下午第2节	王再行
英语	张秀华	周四下午第3节	李 勤	周四上午第3节	秦绪莹	周二上午第3节	付 娜
物理			张守峰	周四上午第2节	邱红星	周三上午第1节	单 英
化学					张学美	周四下午第3节	单 英
道法	朱晓萌	周二上午第2节	王均荣	周二上午第2节	张 瑜	周二上午第2节	郑祥平
历史	王 军	周三上午第1节	高为周	周三上午第1节	高为周	周三上午第1节	高为周
地理	郑玉成	周二上午第2节	李文宇	周二上午第2节			卜宪富
生物	司建利	周四上午第2节	金美玲	周四上午第2节			马 峰
音乐	滕 倩					周二上午第3节	李 惠
体育	董 丽	周三上午第1节	许 峰	周三上午第1节	刘 星	周三上午第1节	刘 伟
美术	赵 丽					周三上午第2节	李 惠
信息	安彩云					周二上午第2节	张守正

（三）课例研讨，提升实战水平

2017—2018年度第一学期9周八年级"我的阳光课堂"展示课安排一览表见表3。

表3

	学科	周次	节次	课题	讲课教师	讲课班级	议课时间	听课领导
1	语文	周二	1	白杨礼赞	胡善芬	8.2	周三下午第1节	郑祥平
2			2		王 萍	8.3		
3			3		王 慧	8.5		
4			5		王明辉	8.7		
5			1		田红静	8.9		
6			2		梁洪斌	8.10		
7	物理	周三	3	光的反射	时延梅	8.7	周三下午第4节	马 峰
8			6		解则花	8.4		
9			7		张守峰	8.9		
10	美术		5	构图的作用	郑 丽	8.6	周四上午第2节	王再兴
11	英语	周四	1	Unit 5 2b	韩春华	8.2	周四第7节	马 峰
12			2		李 勤	8.3		
13			3		孙 波	8.6		
14			5		秦 琼	8.7		
15	地理	周五	1	水资源	卜宪富	8.10	周五第4节	卜宪富
16			2		李文宇	8.3		
17	音乐		6	青春舞曲	秦璐阳	8.4	周五下午第2节	王再兴

每位老师（50岁以上的自愿参加）每个学期至少一节课，已经成为常态，找借口不讲课的老师已经很少了。老教师更认真。

三、学习研修，提升教师专业素养

为教师购买图书，让教师通过写读书笔记、读书漫谈等形式，内化学习内容，提升教师专业素养。开展师徒共读一本书、师徒共上一节课、师徒共拟一份试卷等活动，师徒共进，共同提高。

加强研修学习。首先利用好寒、暑假期"充电"。假期是让教师放松身心、陪伴家人的，也是研修提升的大好时间。认真搞好一年一度的省网络研修，让教师真正从研修中受益。

四、来自社会各界的赞誉

市教育局领导给予我校的高度评价：低负高效的课堂教学、优雅大气的育人环境、师生健康阳光的良好心态。

学生家长给予学校的真诚肯定：非常幸运为孩子选择了日照港中学，三年的时间，已经画上了圆满的句号。感谢所有的老师，谢谢你们的耐心教导、正确引导。希望孩子们能够明白老师的良苦用心，在未来的路程中，用正确的人生观理解问题、用阳光的心态看待问题、用积极的态度对待问题，希望所有的孩子，将来都能够成为母校的骄傲！

（完成时间：2019年3月，本文系东港区教学工作会议上的先进典型发言材料）

基于学生思维进阶的一轮复习策略研究

从一个不太恰当的比方说起：家长、教师、学生的中考期盼是教师讲包饺子，学生平时练包饺子，中考就考包饺子。期望中考是皆大欢喜的。

实际的中考是老师讲包饺子，学生练的是包包子，最后考的是包馅饼。因为中考毕竟是选拔，择优录取。

下面是2018年我市中考物理第二卷答卷得分情况：

第二卷非选择题（50分），全市平均分约16.69分。

1. 填空题满分10分，难度系数0.46，全市平均约4.58分。

2. 作图题满分3分，难度系数0.27，全市平均约0.8分。

3. 实验题满分6分，难度系数0.56，全市平均约3.38分。

4. 实验题满分9分，难度系数0.41，全市平均约3.72分。

5. 计算题满分9分，难度系数0.26，全市平均约2.36分。

6. 计算题满分13分，难度系数0.14，全市平均约1.84分。

题目真的就那么难吗？我们的复习是否存在问题？

这是2018年日照市中考物理试卷第19题。分值：9分。

如图1中的甲所示，是某打捞船所用起重装置的示意图。在某次打捞作业中，物体在不可伸长的轻绳作用下，从水底以0.5 m/s的速度竖直向上匀速运动至离开水面高度3 m的位置。此打捞过程中物体受到轻绳的拉力F随时间t变化的图像如图1中的乙所示，物体离开水面后匀速上升3 m的过程中，与电动机连接的绳子所受的拉力F为2×10^3 N。已知水的密度为1.0×10^3 kg/m³，取$g=10$ N/kg。不计水和空气的阻力。

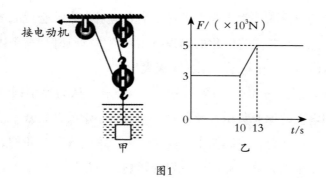

图1

求：（1）物体的体积及浸没在水中所受的浮力。

（2）物体的质量和密度。

（3）水底的深度及水对水底的压强。

（4）物体离开水面后匀速上升3 m的过程中，滑轮组的机械效率（结果保留一位小数）。

该题就是机械运动、液体压强、浮力、机械效率等力学基本计算的"拼盘"，每一问都是基本运算，几乎没有什么思维含量，为什么得分率还是这么低？引发我们反思：复习是靠机械刷题？还是靠思维突破？

一、重要意义

基础教育课程改革把提高学生的核心素养作为重点，核心素养主要是指学生的价值观、必备品格和关键能力，而思维能力正是关键能力的核心。思维能力的培养是课堂教学中的主要任务。图2为物理核心素养与物理学科能力框架。

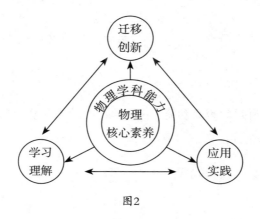

图2

这三类活动，涵盖了学生当下学习生活和应对未来社会挑战的基本内容，"迁移创新"能力是学生将内化的知识应用到陌生的物理情境中以解决问题的能力，是物理核心素养中科学思维的高级表现。

两种负面思想：一是受所谓"减负"的影响，认为思维训练就是增加难度，就是增加学生的课业负担，导致一些学生从小学就开始基本没有什么思维训练了，只会死记硬背，一到初中，就像一个"木头人"，我们老师不都为此大发感慨吗？二是受"急功近利"思想的影响，总认为思维培养是新授课的任务，复习课没有必要或顾不上。中考是以能力为立意的选拔性考试。

下面的案例是一轮复习常用但非常低效的一种填空式复习方法。这种复习效率低下的方式，使学生们对第一轮内容的回头复习失去信心，尤其是优秀生，一节课坐在那儿真是"活受罪"。

考试主要就是考查学生思维水平。之所以物理学科在中考中一直以较难学科著称，是因为物理学科学习的思维要求高，只靠"照本宣科炒现饭"或"大量刷题"是应对不了中考要求的。

案例1：

力的复习

一、力

1. 定义

力是物体对物体的作用。发生作用的两个物体，一个是_____物体，另一个是_____物体。

2. 单位

在物理学中，力用符号_____表示，它的单位是牛顿，简称牛，符号是_____。

3. 常考举例

托起两个鸡蛋所用的力大约是1 N，一个中学生的重力约为500 N，物理教科书所受的受力约为2 N。

4. 力的作用效果

（1）力能改变物体的_____，如捏橡皮泥、拉弹簧等。

（2）力可以改变物体的_____，即速度的大小和方向。

一轮复习的功能，不只是唤醒学生已学的知识，还要通过一轮复习把一个单元或章节的知识点连成线、绘成面、结成体、构成网络，帮助学生学会关联整合相关知识点，熟练掌握知识点及知识点之间的联系，并且能较为综合地应用；更要在复习过程中发展学生的思维，提升学生综合应用所学知识灵活解决问题的能力，为高中阶段的物理学科学习奠定一个扎实的能力基础。复习就像是在写一篇作文一样，它应该有一条明线——串讲知识点、一条暗线——思维进阶。两条线相互交融，思维进阶会使复习有条不紊，如虎添翼，事半功倍。

有人说，能力训练是二轮复习要做的事，试想一个多月就能解决能力的事？一轮复习是学生思维进阶的黄金时期。尤其是近几年实施实验操作考试以来，学生真正能够静下心来复习的黄金时间也就是3、4月份，正好是中考物理一轮复习时间。

二、复习策略

（一）左右勾连，把握整体——让思维由点到面

改变"按册，按章、节"的传统复习方法，实施"板块+专题"复习。经过新授课的学习，学生对分离的知识点的理解情况较好，但头脑中的知识是零散的，思维是单一的、狭隘无序的。而中考以综合测试为主。

重组结构、深化求活，从"知"到"知多""知深""知广"。基于知识本身的"点"走向基于知识脉络的"线"和"面"。我们老师要做的就是把网织密实，然后广撒网，提升学生"关联整合"知识点的能力。

案例2：力学板块的复习

整合整个初中物理力学部分各章节内容，分成三个大板块，按板块展开复习。（见如图3所示思维导图）

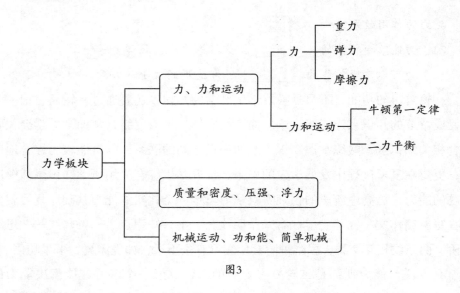

图3

1. 建构知识体系，思维清晰，复习侧重点明晰（见表1）

表1

	产生原因	大小（影响因素、计算公式）	方向	作用点
弹力	相互接触并发生弹性形变	伸长	与弹性形变方向相反	
重力	由于地球的吸引	$G=mg$	竖直向下	重心
摩擦力	相互接触并挤压，接触面粗糙，有相对运动趋势或发生相对运动	1.静摩擦：求法：二力平衡$f_{静}=F_{外}$ 2.滑动摩擦力： （1）影响因素：压力大小和接触面粗糙程度 （2）求法：二力平衡$f_{滑}=F$	与相对运动趋势或相对运动方向相反	
压力	相互接触并挤压（同弹力）	1.影响因素：物体的材料和形变程度 2.大小：$p=\dfrac{F}{S}$ $p=\rho gh$	垂直于作用面	
浮力	液体对物体向上和向下的压力差	1.影响因素：$\rho_{液}V_{排}$ 2.大小：$F_{浮}=G-F_{拉}$ $F_{浮}=F_{向上}-F_{向下}$ $F_{浮}=G_{排}=m_{排}g=\rho_{液}gV_{排}$ $F_{浮}=G$（漂浮或悬浮）	竖直向上	

2. 整合，打破思维局限性

案例3：公式中 $p=\dfrac{F}{S}$ 中 F 的含义的理解和应用

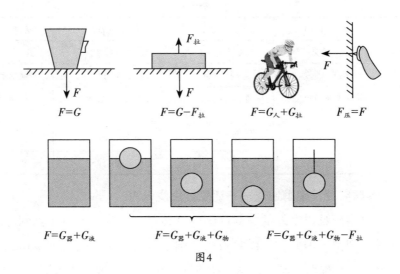

$$F=G \qquad F=G-F_{拉} \qquad F=G_{人}+G_{拉} \qquad F_{压}=F$$

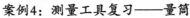

$$F=G_{器}+G_{液} \qquad F=G_{器}+G_{液}+G_{物} \qquad F=G_{器}+G_{液}+G_{物}-F_{拉}$$

图4

3. 整合，打破思维定式，思维多元化

案例4：测量工具复习——量筒

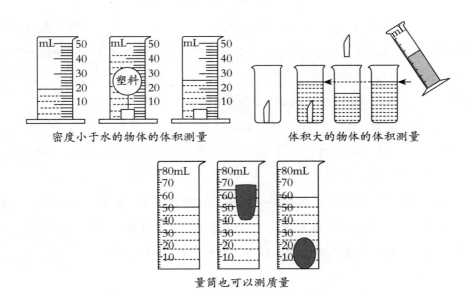

密度小于水的物体的体积测量　　　　体积大的物体的体积测量

量筒也可以测质量

图5

4. 综合，思维简约化

案例5：压强概念的复习

表2

	速度（v）	密度（ρ）	压强（p）	功率（P）
引入方法	归纳法	实验探究	实验探究	归纳法
物理意义	运动快慢	物质特性	压力作用效果	做功快慢
定义	路程与时间之比	质量与体积之比	压力与受力面积之比	功与时间之比
公式	$v=\dfrac{S}{t}$	$\rho=\dfrac{m}{V}$	$p=\dfrac{F}{S}$	$P=\dfrac{W}{t}$
单位	m/s或km/h	kg/m³ g/cm³	Pa	W kW

（二）专题突破，理解通透——让思维由浅入深

多数学生物理难以学好的主要原因，就是对一些章节的重难点问题理解得不透，练得不到位，因此在全面复习的基础上，实施小专题突破策略，精准发力，更有效地突破难点，同时，这样的专题突破，让思维由浅入深。

案例6：

压强浮力综合专题复习

压强、浮力一旦综合，就像花椒遇上辣椒，必将是一场"麻辣"大战。在一个题目中往往会涉及多个公式的应用，考查学生在综合应用所学知识分析和解决问题过程中联系实际、分析归纳、演绎推理、数学计算的能力。压强、浮力的综合是学生学习的难点，很有必要搞这样一个专题。

一、问题情境：激活学生思维，思维引路

课堂教学中，我们要找一个典型的压强浮力交叉关联问题，得有针对性，还要有兴奋点。

2019年12月17日下午，我国第一艘国产航空母舰山东舰在海南三亚某军港交付海军。随着山东舰的正式服役，中国进入了"双航母时代"。请你思考：当山东舰上的舰载机群飞离后，其底部受到水的压强p如何变化？

图6

（1）舰载机群飞离后，哪个物理量发生了变化？

（2）航母处于什么状态？航母所受的浮力有没有变化？

（3）它排开水的体积呢？

二、知识储备：理清思维盲点、易错点、关联点

1. 熟记压强、浮力公式，灵活运用

仅仅要求学生记住这几个公式行吗？当然远远不够。能不能灵活变通？能不能作定性分析？能不能综合应用？这些才是一轮复习所需要提升的思维能力。

例如：在解决液面升降类问题中，有时候就需要利用$p=\rho_{液}gh$、$F_{浮}=\rho_{液}gV_{排}$进行变通解决问题。

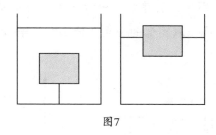

图7

$$\Delta V_{排}=V_{下降}$$

$$\Delta h=\frac{\Delta V_{排}}{S}$$

$$\Delta p=\frac{\Delta F}{S}=\frac{\Delta F_{浮}}{S}=\rho_{液}g\Delta h$$

2. 熟知液体压强、浮力的影响因素

液体压强和浮力都与液体密度有关，但液体压强还与深度有关，浮力与深

51

度无关。

3. 正确受力分析，养成思维的规范性

受力分析就像电学部分的电路图一样，是学习力学的基本功，但由于多种原因导致很多学生并没有基本的物理素养，拿到题目不是先去认真做好受力分析，而是在那空想半天却无从下手。可以先找各种情况下的受力图（如图8所示），引导学生分析总结规律。

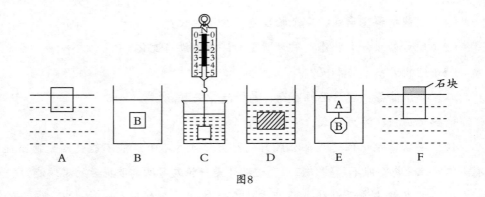

图8

4. 明晰图像，获取信息

找出浮力部分典型图像，引导学生分析图像上的关键点在哪里？由图像可以直接获得哪些信息？每一段图像的含义是什么？等等。

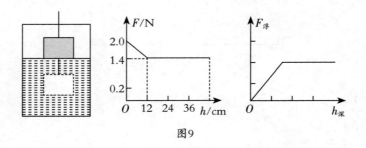

图9

5. 巧用"整体法"，妙解浮力题

如图10所示这一类问题，若把每一个物体都独立出来进行受力分析，则会越分析越乱，教师需要进行点拨，为学生的思维搭"桥"。

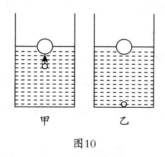

图10

6. 建构物理模型

轮船、密度计应该都属于一类问题，即漂浮问题。但学生的思维往往会被表面的情境限制住，导致分析问题时无从下手。教师应引导学生走出思维的迷茫区，学会透过现象看本质，将复杂问题进行归类分析，由情境迁移到模型，将物理问题简单化、简约化。我们要教简约、简单的物理。

漂浮问题各类情境

图11

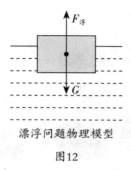

漂浮问题物理模型

图12

三、典例剖析：寻找突破方法和解题思路，习题归类，典例剖析

1.压强、浮力的相关判断题

类型1：同一物体放在同一液体中

例1：2018年4月20日，我国最先进的自主研发制造的潜水器"潜龙三号"（如图13所示）成功首潜。潜水器在水面下匀速下潜过程中（　　　）

图13

A. 受到的重力小于浮力

B. 上、下表面受到的压力差变大

C. 受到的压强变大，浮力变大

D. 受到的压强变大，浮力不变

分析：只有一个关联点：深度h，降低思维难度。

类型2：不同物体放在同一液体中

例2：在水中，鱼、漂浮的木头、静止在水底的石头的位置如图14所示，下列说法正确的是（　　　）

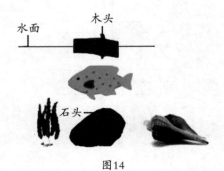

图14

A. 水对石头的压强比对木头的小

B. 鱼受到的浮力等于它排开水的重力

C. 木头受到的浮力大于它自身的重力

D. 石头受到的浮力等于它自身的重力

分析：异中求同，寻找关联点；同中求异，寻找突破口。

类型3：同一物体放到不同液体中

例3：如图15所示，甲、乙两个完全相同的容器中盛有两种不同的液体，把两个完全相同的立方体A、B分别放入这两种液体中，均处于漂浮状态，静止时两个容器中的液面相平，A、B在两种液体中所受浮力分别为F_A、F_B，液体对烧杯底的压强分别为$p_甲$、$p_乙$，则（　　　）

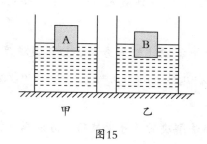

图15

A. $F_A < F_B$　　$p_甲 = p_乙$

B. $F_A = F_B$　　$p_甲 = p_乙$

C. $F_A = F_B$　　$p_甲 < p_乙$

D. $F_A = F_B$　　$p_甲 > p_乙$

分析：①虽然在两种液体中，但都是漂浮，同一物体，浮力不变；②浮力不变，根据$F_浮 = \rho_液 g V_排$，$V_{排甲} < V_{排乙}$，$\rho_甲 > \rho_乙$，$h_甲 = h_乙$，根据$p = \rho g h$，$p_甲 > p_乙$。

类型4：不同物体放到不同液体中（两个不同，难度升级，思维进阶）

例4：如图16所示，放在水平桌面上的两个容器，质量和底面积相同，分别装有密度不同的甲、乙两种液体。将两个体积相同的小球a、b分别放入两液体中静止，此时两个容器底部受到的液体压强相等。下列说法正确的是（　　　）

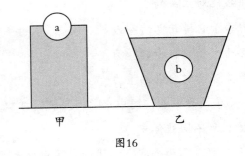

图16

A. 放入小球后，液体对容器底部的压力$F_甲=F_乙$

B. 两种液体的密度$\rho_甲>\rho_乙$

C. a、b两个小球的质量$m_a<m_b$

D. 若将a球放入乙液体中，b球放入甲液体中，静止时，a、b两个小球所受到的浮力$F_a<F_b$

分析：A、B、C三个答案比较好分析，D答案难度大一些。$\rho_a<\rho_乙$，a球在乙液体中漂浮，$F_a=G_a=\rho_a gV$，$\rho_甲<\rho_b=\rho_乙$，b球在甲液体中下沉，$F_b=\rho_甲 gV$，$\rho_a<\rho_甲$，$F_a<F_b$。

类型5：需要用整体法解决的（寻求技巧，方法搭"桥"）

例5：如图17所示，容器中装有一定质量的水，先后按甲、乙两种方式使物体A和小玻璃杯漂浮在水面上（图中细线重力及体积均不计）。设甲、乙两图中物体A和小玻璃杯共同受到的浮力分别为$F_甲$和$F_乙$，水对容器底都的压强分别为$p_甲$和$p_乙$，则（　　　）

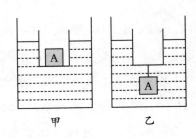

图17

A. $F_甲<F_乙$　　$p_甲=p_乙$

B. $F_甲=F_乙$　　$p_甲=p_乙$

C. $F_甲 = F_乙$ $p_甲 > p_乙$

D. $F_甲 > F_乙$ $p_甲 < p_乙$

分析：①把物体A和小玻璃杯看作整体，方式变，状态不变，所以，两种情况下整体受到的浮力都和自身的总重力相等，即$F_甲 = F_乙$，故A、D错误；②由 $F_浮 = \rho g V_排$ 可知，两种情况下排开水的体积相等，因容器和水的质量相同且排开水的体积相同时，容器内水的深度相同，所以，由$p = \rho g h$可知，$p_甲 = p_乙$，故B正确。

2. 压强、浮力综合计算题

类型1：压强浮力交叉关联型的

例6：实心正方体木块（不吸水）漂浮在水上，如图18所示，此时浸入水中的体积为6×10^{-4} m³，然后在其上表面放置一个重4 N的铝块，静止后木块上表面刚好与水面相平（g取10 N/kg，$\rho_水 = 1.0 \times 10^3$ kg/m³），则该木块（　　）

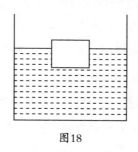

图18

A. 未放置铝块前，木块受到的浮力是10 N

B. 放置铝块后，木块排开水的体积是1×10^{-3} m³

C. 木块的密度是0.7×10^3 kg/m³

D. 放置铝块后，木块下表面受到水的压强增大了600 Pa

分析：A、B选项尽管都是漂浮，但求浮力的公式不同，考查灵活选用公式；A答案：$F_浮 = \rho g V_排$直接求解，同时也求出了木块重力。B答案：整体法，漂浮，$F_浮' = G_木 + G_铝$，$F_浮' = \rho g V_排'$ 求出$V_排'$。C答案：$G = \rho_物 g V_物$可以直接求出来D选项属于液面升降类问题。压强浮力交叉问题，则需要用变通公式

$$\Delta p = \frac{\Delta F}{S} = \frac{\Delta F_浮}{S} = \rho_液 g \Delta h 进行求解。$$

类型2：浮力与固体压强结合型的

（略）

类型3：纯粹拼盘式的（中考热点题）

（略）

（三）习题精练，把握高效——让思维迁移创新

浮力部分，可归纳六大题型：浮力大小的变化判断，浮力大小的比较，物体浮沉状态的判断，漂浮问题"五规律"，浮力与质量和密度、压强的综合，浮力与功、功率、机械效率的综合。然后编制小微专题训练讲义引领学生精练，提升能力。

习题训练，提升教学质量的"最后一公里"老师要善于做"压缩饼干"，精练，针对性练，靠思维高效突破，不靠机械刷题。

为解决机械训练低效问题，创新设计了"小微专题三类训练"，即题型自主练，独立思考，训练思维的严谨性和深刻度；对点巩固练，固化思维，用思维创新；错题反思练，查找知识漏洞和思维短板。

小微专题三类训练，省时高效，减轻了学生过重的课业负担，真正做到了"顾两头带中间"，让每个学生都发展。

（四）互助合作，把握共赢——让思维点燃思维

教育是面向每一个个体的，中考既是选拔，也要共赢。改变课堂结构，由传统的"我教你学""教师一言堂"转变为自主互助、共同提高的课堂，优秀生不只是领跑，还要拽着学困生跑。通过"兵教兵"，互相交流启发，有效突破教学重、难点；可以调动学生的学习积极性，形成良好的学习氛围；给学生搭建了展现自我的舞台，进一步提高了学生的自信心和各种能力。

学生遇到自己无法独立解决的问题，一般会有三种选择：一是放弃，让小问题积累成大问题。二是盲目坚持，容易受挫、自卑、绝望。三是积极求助，借助外力解决问题，体验成功，形成不畏难、积极求助的良性循环。

因此，让学生学会求助，懂得如何求助是有重要积极意义的，求助是学生成长路上的必备能力。作为教师，要积极引导，唤醒这两种意识。

1. 榜样示范

不是所有的学生都愿意求助，教师可以通过榜样示范让学生认识到"我不

会"并不丢人，是非常正常的事情。

2. 尊重接纳

面对学困生的求助，教师需要充分的尊重和完全接纳。比如不能说："这么简单都不懂？"等等。面对学生的求助，再简单的问题，教师也要做到有求必应（积极回应）。

3. 小组互助

我经常讲这样一个故事。一位智者和他的徒弟正漫步于河边，智者问徒弟："怎样才能使一滴水永不干涸？"徒弟大惑，然后曰："将它拖入掌心。"智者笑曰："非也、非也！将它投入大海之中。"是啊！一滴水只有在大海中才不会干涸。我们班正是这一片大海，而在座的每一位同学不正是大海中的一滴滴水珠吗？一个人只有在集体中才能发挥自己的作用，一个集体也正因有了我们才生发光芒。

人生路上，难免会有挫折、失败和困难。有时候并不是一个人的力量就可以解决的，需要合作、需要团结互助。

很多时候人是需要被帮助的，也许独来独往是自己的个性，但是当自己不能解决的时候，你会忽然发现原来融入集体是那么重要。只要教师用心引导，学生的求助和合作意识自然就会被唤醒的。当这两种意识一旦被唤醒，生发的力量是非常强大的，效率也会远远高于老师的硬性组织。

如何唤醒？是个能力问题，需要我们每个老师去反思，去实践。

（完成时间：2020年3月，本文系日照市初中物理研讨会发言材料）

基于发展学生学科核心素养的
深度教学案例研究

——以"内能"教学为例

所谓"深度教学",是克服对知识的表层学习、表面学习和表演学习,以及对知识的简单占有和机械训练的局限性,基于知识的内在结构,通过对知识完整深刻的处理,把抽象的知识情境化,把核心的概念模型化,把共性的问题归类化,逐步完善学生的知识体系,达到深度学习的目的,最终提升学生的物理核心素养。

内能是大量分子热运动的一种能量形式,从宏观物体运动的机械能立刻进入微观分子的内能的学习,学生普遍有些云里雾里的感觉。这一章,概念多,又相似相近,唯有采取行之有效的深度教学,才能引导学生深度学习。

一、巧用思维导图或表格,辨析相似相近概念,引导深度学习

分子动理论,它是宏观与微观本质间联系的纽带,是学习内能及其应用的基础。

例如:用思维导图把分子热运动的宏观表现与微观本质关联起来。

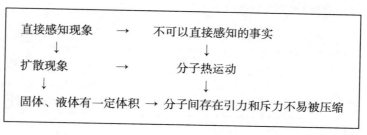

图1

再比如：通过图2、3辨析温度、内能、热量三个概念之间的区别与联系。

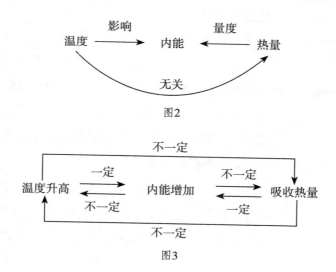

图2

图3

两个一定（内能一定受另外两个影响），剩下的都是不一定的关系。

有时候，用表格进行总结归纳相似相近概念，直观明了。

表1为辨析内能与机械能。

表1

	运动物体	运动形式	对应的能量形式
区别	分子（微观）	热运动	内能
	物体（宏观）	机械运动	机械能
	一个物体的机械能可以为零，但内能不为零		
联系	内能和机械能之间可以相互转化		

表2为辨析改变内能的两种方式。

表2

	热传递	做功
区别	内能的转移 能的形式没有变	机械能和内能的转化 能的形式已改变
联系	都可改变内能，等效	

二、巧用类比，解难释疑，助力深度学习

（1）"内能"与"热量""温度"三个概念之间关系，是学生们比较头疼的，可以这样类比：内能是个三心二意的人，见一个喜欢一个，看到热量和温度都喜欢，两人的一举一动都会影响到他；而热量和温度却不喜欢内能，丝毫不受到他的影响；热量和温度是互不相干的两个人，谁都不影响谁。

（2）比热容概念的建立是难点，直接把概念给学生不利于理解概念。可以设置具体的情境，以层层深入、环环相扣的问题为载体，以思维建构为导向，引导学生自主探究类比，建立比热容的概念。

如：2010年7月5日，美国的三位大胃王和三头大象展开"食量"大战，最终，大象们毫无悬念地赢得了比赛。它们在规定时间内吃掉了410个热狗面包，而人类大胃王只吃完了150个。新闻虽短，涉及的问题却不少，下面我们一块分析一下：

① 大象和人的饭量并没有可比性，原因是什么？

② 称新闻中的人是大胃王，难道看到他们的胃很大吗？如何评选出的大胃王呢？将看不到的现象巧妙地转换成能够看到的现象，这种方法称为转换法。

③ 如果选取了不同食物比赛，能公平地选出大胃王吗？为什么？

④ 人和大象这场没有悬念的比赛中，除了吃相同的食物外，还有什么是相同的？

⑤ 新闻中透露了比较饭量大小的一种方法，你知道是怎样的吗？

这种创设一个贴近生活实际的情境，在情境中思维碰撞类比，大大激发了学生的学习兴趣，学生的主观能动性也得到了很好地发挥。学生对于比热容概念的理解也是深刻的。

三、建立物理模型，类比思考，走向深度学习

研究和解决物理学问题时，舍弃次要因素，抓住主要因素，建立的概念模型就叫物理模型。

如"分子间相互作用的引力（图4）和斥力（图5）是同时存在的"。学生很难理解。这个问题就可以做一个模型，进行类比迁移。

图4 　　　　　　　　　　　　　　　　　　图5

将一根弹簧用胶带固定在两个乒乓球之间，用来研究分子间的作用力。将乒乓球视为分子，当弹簧自然伸长时，相当于分子处于平衡位置。若将两个乒乓球向内压，弹簧被压缩后会对两个乒乓球有向外的力，这说明当分子间的距离很小时，作用力表现为斥力；若将两个乒乓球向外拉，弹簧被拉长后会对两个乒乓球有向内的力，这说明当分子间的距离稍大时，作用力表现为引力。由此说明，分子之间既有引力又有斥力。

再比如，理解内能与热量、温度关系，也可以建立一个模型进行理解。如图6所示，容器内水的总量相当于物体具有的内能，水面的高低相当于物体温度的高低。当阀门C打开后有水流动相当于温度不同的物体间会发生热传递，流过阀门C处的水量就代表热传递时传递能量的多少。这么一类比，学生容易理清三者的关系且记得牢。

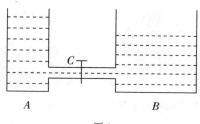

图6

四、精选例题，夯实概念理解

例1：对下列常见现象解释正确的是（　　　）

A. 空气的流动形成风，是大量空气分子无规则运动的结果

B. 破镜难圆，是因为分子间有斥力

C. 花香四溢，是因为分子在不停地运动

D. 一滴墨水落入水中沿途拉成一长串墨迹

分析："空气的流动形成风"这是大量空气分子有规则地运动，是一种机械运动；"一滴墨水落入水中沿途拉出一长串墨迹"，这是墨迹在重力作用下，墨迹运动也属于机械运动；破镜难圆，是因为分子间的距离比较大，分子间作用力非常微弱的缘故。

故正确答案是：C

例2：关于温度、内能、热量三者之间的关系，下列说法中正确的是（　　　）

A. 物体吸收热量，温度一定升高

B. 物体温度升高，一定是吸收了热量

C. 物体温度不变，就没有吸热或放热

D. 物体温度升高，内能一定增加

分析：解答本题时，要正确理解温度、热量、内能三者之间的关系。还要记住：晶体熔化吸热，内能增加，但温度不变这个特例；改变内能的方法有两种，温度升高，不一定是吸收了热量，还可以是做功。

故正确答案是：D

例3：在图7的四幅图中，属于利用做功改变物体内能的是（　　　）

A. 双手摩擦生热　　B. 锯木头时锯条发热　　C. 烧水时水温升高　　D. 压缩空气，管内气体内能增大

图7

　　分析：解答本题的关键是明确改变内能的方法有两种，做功和热传递。做功和热传递在改变物体的内能上是等效的，但它们也有本质的区别。用做功的方法改变物体的内能，实质上是其他形式的能与内能之间的相互转化；用热传递的方法使物体内能发生变化，其本质是内能的转移。在A、B、D三个答案中，内能的形式都没有发生变化，只是发生了转移。

　　故正确答案是：ABD

（完成时间：2020年9月）

创新校本研究机制，提升教师发展内驱力

2018年1月，中共中央、国务院出台了《关于全面深化新时代教师队伍建设改革的意见》，意见中提到"全面提高中小学教师质量，建设一支高素质专业化的教师队伍。开展中小学教师全员培训，促进教师终身学习和专业发展"。对于教师发展来说，行政推动、制度规约等外力驱动是非常必要的，但就其长足发展来说，教师自我发展的力量对推动其专业成长起关键作用。如何提升教师发展内驱力，使教师积极主动地成长，成为推动教师发展的现实课题。

日照港中学是一所从企业办学转变为政府办学的学校。移交政府办学之前，学校基本上是企业化管理模式，教师专业发展动力缺乏，校本研究停留在肤浅状态，这成为困扰学校教育教学发展的难题。随着课程改革的不断深入，教师专业发展水平日益成为影响教育改革成效的重要制约因素。改革前期，学校在培训、管理、教学等方面推出了一系列举措，但效果始终不尽如人意，究其原因，学校的管理运行机制，未能激发教师发展的内驱力，所以改革效果欠佳。学校教学管理团队对此进行了认真思考，重新梳理和规划了学校校本研究改革的整体脉络。大家认为，只有激发出教师主动发展的愿望，提升其发展内驱力，才能使教师专业水平得到持续提升，从而真正将改革推向纵深。

教科处尝试构建"氛围催生、机制激励、学术引领、课题驱动、平台砥砺"的阳光校本教研机制（见图1流程图），营造适合教师成长的良好教研氛围，改变原有教研活动的死气沉沉，点燃教师的教研热情，唤醒教师的成长需求，进而提升教师的专业素养。

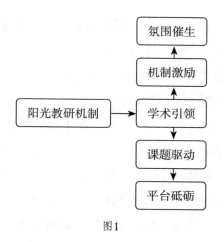

图1

一、营造激励性专业发展环境，砥砺成长

激励性专业发展环境是砥砺教师研究热情、引领教师自主发展的重要因素。学校从组织环境、学术环境、评价环境三方面努力营造激励性专业发展环境。

（一）组织环境：建立学校学术研究团队

打破传统的"教务处—教研组—备课组"行政色彩过重、研究氛围不浓的组织架构，摒弃备课组只负责集体备课和考试命题，教研组只负责上传下达、事务协调的弊端，探索形成了"业务校长—教科研负责人—学术项目负责人—学科科研导师"的层级学术团队模式，打破了学科和年级界限，进行横向与纵向统整融合。鼓励老师们根据自己的兴趣和意愿选择一个或几个项目参与研究，通过项目式、合作式研究，教师专业得以提升，获得成就感，从而激发其自主发展的原动力，形成良性循环，实现从"被动发展"到"主动发展"的转变。

（二）学术环境：打造"学术研究高地"

日照港中学的名师同时也是各学术项目负责人和学科科研导师，学校充分发挥他们的引领、辐射作用，以名师为核心组建课题研究共同体、成立科研名师工作室等，突出名师的示范引领作用，为各年级、各学科教师树立学习榜样。引导名师及其研究团队为教师提供接地气的培训与研讨平台。借学术研究高地，普及、指导广大教师会研、善研、乐研，在研中学，在研中教，实现自我发展的飞跃。一花独放不是春，百花齐放才能春满园。大多数人的行为都会受周围人的影响而改变。教师也不例外，如果改变教师的周围群体，就会形成一种强大的影响力，推动教师改变。学校的青年教师较多，青年教师积极向上的多，可塑性强，先把这一群人带动起来，营造一种良好的专业成长氛围。为全面提升青年教师专业素养，从2017年开始至今已举办三届诸如以"听，青春拔节生长的声音"为主题的青年教师素养大赛。

高起点：变"一年入门、三年过关、五年胜任"为"一年出徒，三年胜任，五年骨干"，拿不到市优就不算骨干，拿不到省优就还是"青年"！打造一支有道德、有理念，有技能，能讲又能写的"全能型"教师队伍。

严要求：2011年以来参加工作的26位青年老师都要参加。不参加素养大赛的没有资格参加区级以上比赛；比赛不合格的延期出徒。

全方位：比赛内容分赛课、才艺展示、理论与写作三个模块，这也是第二届大赛的模块。第一模块：赛课。首先，3月份完成"一师一优课"一节录课35%，然后现场10分钟专业技能教学展示15%。第二模块：理论与写作30%，其中个人博客使用情况10%，《基于核心素养下的阳光课堂构建之我见》论文一篇（字数不少于2000字）20%。第三模块：才艺比拼，包括5分钟诗朗诵10%、微课（我的模式我的课）10%。

实举措：参与区级以上的优质课、省优秀课例评选都要先过学校这一关。只有获学校青年素养大赛一等奖的老师才有资格上报省优秀课例评选。

重激励：学校把青年教师当"宝贝"。千方百计为他们的成长搭台铺路，有时候还很"偏心"，待遇特殊，老教师都有些"嫉妒"了。比如朱晓萌老师被市里推荐上市级公开课，需要录课，校长二话不说，主动提出报销录课费用，这当然不是每个老师都能享受到的待遇。如今，很多学校借鉴了我校的经验做法，开始搭建青年教师专业成长平台。

（三）评价环境：成长为本，发挥好评价导向功能

根据马斯洛需求层次理论，人的生理需求和安全需求满足后，会有社交需求，包括感情的需要和归属群体的需要。接受和归属感等。在这个层次，社交需求驱动着人们的行为。每位教师都渴望被接受和认可，学校提出了"差异发展，普遍激励"的教师评价原则：一是注重发挥评价的导向功能。在教师评价的实施中，不再单以成绩论英雄，引领教师从"拼体力"走向智慧教学，树那些教研能力强、教学质量高的老师当"标杆"，让其他老师看到自己努力的方

向；二是侧重于发挥评价的激励功能。教研组长、备课组长是很不起眼的一个"芝麻官"，但他在组内发挥的作用是巨大的，组长的人选很关键，他必须是学科科研导师，学校不再论资排辈选用教研组长、备课组长，而是选拔那些有学术研究素养的"研究型"教师来担任，鼓励青年教师勇挑组长这副重担，现在有一半组长是学校的青年骨干教师，他们的教研能力一点也不逊色。

日常管理中，注重发现、挖掘教师身上的闪光点和独特点，寻找机会及时给予老师肯定和鼓励，让教师从内心深处感受到被认可、被激励，从而体会到从教的快乐、为师的幸福。虽然不是每位教师都是最出色的，但每位教师都是独特的。评选"首席教师""首席班主任""科研型名师""管理型名师""课堂型名师"，让每位教师在适合自己的领域内成为不同层次的名师。优秀的人都是在一次一次被肯定中成长起来的。这种肯定不一定非要是物质的，精神的激励更重要。在平时的管理中，注重发现、挖掘教师身上的闪光点和不同点，利用美篇、QQ群等平台及时记录下来点滴花絮，让他们从内心深处感受到被肯定、被激励，这样从教的快乐、为师的幸福也就会慢慢地油然而生。例如：在2018年第二届青年教师素养大赛结束之际，我特意做了一个美篇，写下了这样一段话：一个诗朗诵，朱晓萌老师舍得花功夫自己去改编；金美玲老师录了一遍不满意，再录一遍，那股精细做事的精神，值得大家学习！王明辉老师忍着失去亲人的剧痛坚持把课录完；刘丽、赵华、刘梦娜三位毕业班的老师在忙碌之余加班加点准备比赛……工作上需要有这股敬业忘我的拼劲，学校的发展需要这种正能量的拼搏精神！这次大赛，精彩地展示了他们做人做事的态度与他们拼搏向上的姿态。2019年3月份举办的联盟学校毕业班复习研讨活动，我在美篇中这样写道：好久没有听×老师课了，这次让她出山，主要是考虑她近几年一直担任毕业班的教学，想让老师们学习她丰富的教学经验和驾驭中考的能力。至于教学理念没敢期望太多，但课堂上她的华丽转身真是让我大吃一惊！没想到她不只是经验丰富，她对新的教学理念运用得非常娴熟！在2019年"名师讲堂"活动中，我有意安排了王军、宋海燕等几位青年教师，让他们和骨干教师们同台竞技，他们触动很大，自信心自然大增。三是侧重于评价的发展功能。学校提供展示平台、建立"成长档案"来发挥学校评价的发展功能，以促进教师整体素质的提升。名师、骨干教师每学年都要至少完成一个讲座或一节示范课，素养大赛不只是赛课，也要看教学反思、论文写的怎么样，全方位、高站位打造名师团队，提升全体教师的专业素养。基于实践、基于课堂、基于教学的"名师讲堂""教学漫谈""素养大赛""读书漫谈"等活动已经成为学校的品牌。

这种幸福感也会成为一种力量，有利于教师形成执着的目标追求，而执着的目标追求是教师发展的内驱力，如果教师有了强烈的目标信念，其在专业发展的道路上就会一往无前。

二、倡导涵养专业品质的知性阅读，有效成长

知性阅读区别于日常阅读、随意阅读等。知性阅读，是一种带有咀嚼性质的研读方法，是指阅读者通过对书籍的选择、聆听、梳理、批判，在反复对话中，将书籍中有价值的东西吸纳、内化到自身的知识结构之中，从而使原有结构得到丰富、优化或者重建。学校非常重视知性阅读对教师专业发展内驱力的唤醒作用，教科处每学期至少推荐一本专业书籍，同时进行阅读方法的引领和指导，提升阅读品质。2021年寒假为老师们购买的《从教走向学》，老师们都拍手称赞。2022年，是新课标实施之年，教师的素养提升至关重要，放假前学校就为老师们准备好了《深度学习——走向核心素养》《重新定义学习》两本书。

在自主阅读的基础上，学校每学期还要举办诸如以"看见阅读的力量""悦读·致远"等为主题的读书漫谈活动，交流分享、启迪智慧。例如：读完《做有思想的行动者》《做一流的教学能手》等书籍之后，10位老师根据自己学习所得，结合自身所带学科及如何做智慧教师谈了心得体会。"静静地撒播生命的阳光""让爱成为一种智慧""做幸福的教育生活""相信孩子每一天都是行的"……一篇篇精彩的经验交流报告获得了阵阵掌声，也引起了全体教师的不断思考。好多老师触动很大，深刻认识到唯有研究才可以激活自己的教学智慧，自己的生命状态才能得到增值。

假期读书，一位老师这样写道：借着寒假的空闲时间，我完整地读完了《从教走向学》这一本专业著作。读完感觉茅塞顿开，对于当前的一些教学前沿性的内容有了初步的认识，无论是从理论层面、实践层面、情怀层面、现实层面还是认知、眼界、方式等，这本书都让我有了很大提升。这本书给我最大

的感受可以用一个词来形容，那就是"改变"，这种改变涉及教学过程的每一个环节，从上课开始到结束，每一步都进行着改变。从理论到实践，给每一位一线教师提供效仿的模板，且极具借鉴性和可操作性，让我对追求核心素养培养的课堂教学有了清晰的认识，这本书犹如一盏明灯为我照亮前进的方向。

"纸上得来终觉浅，绝知此事要躬行"，只有在实践中不断尝试，不断反思，方能不断进步。新学期，我将努力在自己的课堂中去实践书中的理论，争取全过程地落实核心素养。政教处梁主任说："我们可以没有高学历，但一定要有深学力。课前准备越充分，课上效率就会越高效。"

知性阅读砥砺了老师们的专业品质，并引领教师从阅读走向写作。工作不到三年的刘凤老师，首次尝试往《德育报》投稿就被采纳，还拿到了稿费，这种成就感进一步激发了其主动发展的愿望。就这样，通过有温度、有厚度、有生命力的知性阅读，塑造了教师的品格，升华了教师的气质，赋予了教师们主动发展的原动力。

三、开展基于需求的小课题研究，催生成长

作为一名教师，不一定每个人都是一位"思想家"，但是必须是一位"思考者"，他要对自己长期的教育教学经验和感悟进行提炼、概括和提升，形成自己个性化、具体化的主张和观点，这种教师的"个人理论"，能够从整体上体现教师理性思考的深度和教学理想追求的高度。否则，教师的专业成长永远是一个无家可归的"流浪者"。

课题研究、论文写作，会逼着你去想问题，去学习，去创新，在学、做和写的过程中就会比你的同龄人快速成熟起来，成长起来。为激发教师发展内驱力，倡导教师开展基于问题解决的小课题研究，引领教师以做课题的方式去研究教学，学校实施"课题驱动、导师跟进、催生成长"策略，形成由个人专长到团队共进的"校级—区级—市级—省级"的课题研究共同体。

从2011年11月份开始，我校借鉴全国各地一些学校的先进做法，结合我校阳光教育特色，引领老师们进行课堂教学改革研究。在"立柱架梁"的理性临摹到模式导向的"内部装修"过程中，很多老师改变了自己的教学方式，懂得放手，让学生自己主观能动地去探究学习，甘愿担当"指导者"，养成良好学

习习惯的"监督者"以及在学生学有难处时解决其疑难的"辅助者"。

领着做，只是第一步，让教师自己学会做研究，靠自己解决教育教学中的难题，同时发展自己的专业度，这才是终极目标。

在学校大课题的基础上，设立校级小微课题，让老师们都参与进来。例如，围绕立德树人根本任务，让核心素养真正落地课堂，学校明确了年度研究主题："基于核心素养的深度教学"。围绕如何让核心素养落地课堂这一研讨主题，要求立足学校"356阳光课堂"，立足学生核心素养的培养，专门设计了《"基于核心素养的深度教学"典型课例观察与反思卡》，就老师们在落实核心素养教学中遇到的问题和困惑，如：①大单元背景下深度整合知识和教学资源的能力；②如何把握精讲点拨的度的能力；③如何引导学生进行高阶思维训练的能力；④如何引导学生自主学习、合作学习和反思学习的能力；⑤在大单元背景下精编训练习题的能力，展开了热烈讨论，相互学习借鉴让核心素养落地课堂的创新做法。

在2021年的第三届青年教师素养大赛中就纳入了小微课题比赛项目；教研组、备课组的学期计划也是学期研究课题，所有活动围绕研究主题进行；名师、学科带头人、骨干教师必须有自己的研究课题，纳入常规检查等措施激励提升老师们的研究积极性。学校实施了"课题引领、导师跟进"的指导模式，由学科名师担任科研导师，对申报和研究小课题的教师给予研究指导，解决教师在课题研究中的困惑和难点，帮助教师进行经验和成果的总结提升。学校还特邀市教科研专家进行面对面的课题指导。

科研导师指导下的扎根于实践的研究活动，深化了对教育本质的认识，对于教师积淀学科素养，提升教育品质，促进自身专业成长发挥了极大作用。例如：九年级数学备课组，针对如何突破中考压轴大题问题，确立了"数学模式解题探究——藏不住的'圆'"；九年级语文备组，针对学期文言文枯燥无趣，学生基础差的现状，确立了"'双减'背景下，文言文有效教学的策略研究"等，聚焦问题"准"，研讨主题有实际意义。活动有方案，有过程，有研讨，有总结，通过教师智慧教促进学生智慧学，提升学生自主、互助的学习能力，减轻学生课业负担。七年级生物组、数学组等针对"双减"背景下如何提质增效，展开了研讨。八年级生物组：问题引领，提升学生学习的内驱力等。

这些问题是老师们面临的真实问题、也是亟待解决的问题，以这样的问题为课题进行研究，老师们力所能及又极其有用，研究成果能够直接用来改进自己的教育教学工作。在研究的视角下，实践中的问题一个个被破解，教育教学质量和效率不断提升，老师们主动参与研究的热情越来越高，自我发展的动力也越来越强。

📧 附：

"悦"读"乐"写

——读写结合课教学模式初探

本教学模式探究的出发点和初衷：

研究读写结合的有效策略与方法，促进阅读习得向写作运用的迁移，体现一定的创意性。

厘清单元阅读教学与写作训练之间的联系，寻找读写结合的最佳点，讲究写作指导与训练的科学性、创意性，突出方法习得与学以致用。

研究片段写作教学的有效策略与方法，创新活动设计与活动实施，增强训练的实效性。

突出片段写作习得的针对性，讲究训练点的关联性，体现训练的层级性，以"小片段"撬动"大写作"，实现写作能力的层级提升。

阅读是吸收，写作是表达，阅读是写作的基础，学生从阅读中汲取营养，利于学生从读学写，促进写作能力的提高，这也是作文教学的基本途径。

从读学写，读写结合：从阅读中学习作文的技巧；

联系课文，适当模仿，仿中求创：在训练中提升运用技巧的能力；

片段练习，长文收官：课堂片段练习，内化所学技巧，限时整篇文章训练，培养长文写作能力。

读中学写，读写结合，阅读写作并行并重。

基本环节：

图2

第一环节：课前导读

此环节分旧文新读和课外荐读两部分，以学案的形式发给学生。

旧文新读环节：所谓旧文——指推荐阅读初一、初二学过的课文，所谓新读——指从写作的角度解读课文，而不是从阅读的角度全方位解读。

课外荐读环节：推荐阅读新文本，定向学习其中写作技巧。在这堂课上，推荐阅读的是《王几何》，定向学习的是选材技巧。

旧文新读：《春》（朱自清）、《济南的冬天》（老舍）、《安塞腰鼓》（刘成章）、《藤野先生》（鲁迅）。

导入：课堂是我们的主阵地。作文号称语文的"半边天"，今天我们就尝试运用主阵地所学来提升"半边天"功夫！

展示课题。（略）

第二环节：技法交流——从课文中总结技巧

在这一环节，借助所学课文，引导学生交流体会经典课文中蕴含的写作技巧。

技巧：巧用修辞显效果

（1）《春》开头第一段。

反复：突出强调某项内容和某种情感。

（2）"春天的脚步近了""欣欣然张开了眼""太阳的脸红起来了"运用了什么修辞方法？有什么效果？

拟人：可以使事物生动、可爱。

表达喜爱之情。

（3）《安塞腰鼓》。

运用了什么修辞方法？有什么效果？

比喻：可以使语言生动形象。

喻体前置，突出喻体，渲染安塞腰鼓的"野性"。

第三环节：技巧归纳

在此基础上，对第二阶段交流的技巧进行归纳，并引导学生结合第二阶段所学，运用回顾总结的方式，进行自主总结、小组讨论、全班展示，在此基础上，师生共同归纳写作技巧，交流相关技巧注意事项。之后进入第四环节。

技巧归纳：

（1）巧用修辞显效果（反复可以突出强调某项内容和某种情感；拟人可以表达对事物的喜爱之情；比喻可以使语言生动形象……）。

（2）正侧结合巧烘托。

（3）多种感官妙调动（视觉、听觉、嗅觉……）。

（4）讲究顺序层次清（从上到下，从高到低，移步换景……）。

（5）运用对比明特征。

第四环节：课堂练笔

在这一环节，进行限时训练并指导学生自我批注，小组交流。为下一环节做铺垫。

练笔指导：

练笔：尝试运用以上技巧（不少于两种）进行景物描写（片段）。

要求：①字数：200字左右；②黑笔写作；③时间：9分钟。

批注指导：

批注所用技巧——找出不少于两种这节课所学技巧。

批注景中之情——初中作文，主要是写人记事的文章，在这类文章中，景物描写往往是起烘托渲染作用，批注时，可以批注：这段景物描写抒发了主人公怎样的感情或渲染了主人公怎样的心情。

批注时间：4分钟。

小组交流指导：

（1）交流习作中所学技巧运用情况，可以分四个等级：

A. 艺术运用　　　B. 恰当运用　　　C. 运用　　　D. 未运用

（2）交流批注的优点、不足及修改建议。

（3）评选小组写作批注"双优"佳作。

全班展示、点评。

第五环节：选材探究

这一环节是由片段写作到整篇作文写作的铺垫和引领，也是由怎么写到写什么的延伸过渡。

1.跟着课文学"作文"之《藤野先生》

四个典型事例，从不同的侧面表现了藤野先生的高贵品质。

解说：

典型事例不一定是惊天地、泣鬼神的大事，只要是能体现人物精神品质、展现人物性格特点的事就都可以称作典型事例。

因为作者选取了藤野先生黑色（刚直、果断）的事情，使我们看到了蓝色（坚毅）的藤野先生。

2.跟着课文学"作文"之《王几何》

（1）写了关于王几何老师的什么事情？或者哪几件事情？

（2）你从中读到了一个怎样的几何老师？

第六环节：拓展延伸

练笔：《我的老师》

要求：①选取典型事例表现人物精神品质并尝试运用；②景物描写渲染烘托；③运用本节课所总结技巧；④完成习作并用红笔批注；⑤不少于600字。

四、搭建成长交流展示平台，互助成长

（一）搭建形式多样的活动平台，碰撞思想，互助成长

成长不只是听他人的经验分享，更来自自身的内省。为让每一位老师都有机会走上讲坛，交流碰撞，成长自我，学校针对不同层面的教师搭建了名师讲堂、主题课例研讨、教学漫谈、读书漫谈、素养大赛等活动平台，让每一位教师都参与到成长的氛围中来。例如：语文学科科研导师胡善芬老师分享的《"悦"读"乐"写——读写结合课教学模式初探》，数学科研导师林迎军老师分享的《问题驱动，思维生长——以全等复习课的教学设计为例》。她认为复习课没有现成的教材作为依据，需要依据学科特点和学生实际情况进行整合，重新建构复习体系，思维碰撞，能力培养是最关键的。道法组青年教师朱晓萌老师就心理道德课型"生活情境探究三步五环节"的授课模式谈了自己的一些深刻见解。她从基本概念、理论基础、教学流程以及教学效果四个方面介绍了这一新颖的教学模式。这些教学主张非常接地气，很受老师们欢迎。

主题课例研讨注重实效。摒弃"完任务"式的教研活动，教研重心下移

到教研组、备课组，选拔那些有学术研究素养的"研究型"教师来担任学科科研导师，引领学科组教师做"真"研究。青年教师秦璐阳老师在反思中写道："比赛中的录课环节，从选定课题，到最终录课完毕，音乐组的姐妹们给了我太多太多的帮助，一次又一次地帮我备课，一遍一遍地磨课，一有空就去现场听课，帮我修改流程、理顺思路、转变观念，从语言到动作，从教案到课堂效果，她们毫无保留地把自己的经验传授给我，给我建议，给我打气。李惠老师对于课堂教学各模块的把握非常的精准，她的评价往往能一语中的，课堂中我的疏漏或者准备不足的地方在她的眼中无以遁形；滕倩老师则有着灵活的思路和无数闪亮的点子，她上课的语言也非常生动，我有时恨不能把她的话都记在小本子上照搬照背……我感觉得到，她们并不是在意这一场比赛的得失，她们是真心期盼着我这个初入课堂的音乐新老师能快速地成长起来，她们把我当作了一家人，这份心意令我备受感动。"

（二）发挥网络平台优势，开展全时空展示交流

利用QQ群、微信群、钉钉群，即时分享研究心得和成果，使成长无处不在。朱晓萌老师在素养大赛总结表彰会上的发言，让在座的每一位老师都很受触动。她说："2018年5月，我有幸获得了日照港中学第一届青年教师素养大赛第一名，与此同时我的课也被学校推荐参加东港区'一师一优课、一课一名师'评选活动。经过层层角逐，最终我报送的课例《认识自己》被评为山东省2017年至2018学年度'一师一优课、一课一名师'活动优秀课例。工作七年，静静地聆听课堂拔节生长的声音。"

（三）走出去开阔视野、拓展思路，提升素养

教师专业发展是一项长期工程，学校需为教师成长发展搭建不同层次的交流展示平台，以拓展互动交流的时间和空间，让教师自然而然地融入教科研的氛围中，有效提升发展内驱力。倡导"成长是最大的关怀，培训是最高的福利"理念。学校每年列支固定经费作为教师专业成长基金，资助名师、骨干教师、教研组、备课组外出学习、进修、教研等活动。体现对优秀教师自主发展的倾斜，充分发挥他们的引领作用。语文学科科研导师胡善芬老师在自己的学习考察报告中这样写道："短暂的学习过程，形式不新——听课、听报告，但收获颇丰。返程途中，开始反思，最强烈的感觉就是，走出去，是春天。"

胡善芬老师在素养大赛总结表彰会上这样说道："年轻的老师们，毕业来到港中，你们真是幸福的，这是我的肺腑之言，真的，你们得感谢单主任，她确实给你们布置了很多任务，增加了很多工作量，但这种助力成长的机会和氛围，我敢说，在日照，如果说港中第二，没有学校敢说第一。

"从我个人经历来说，我从教三十多年，这是我待的第五所学校，没有其他学校有这样强的教科处，有思想、肯负责，能坚持、了不起，在绝大多数学校，学习、成长，是自己的事。

"从我所闻来说，我就举一个例子，我一个朋友的孩子今年教师招聘考进了市区的一所学校，安排带初一两个班的语文课和班主任，和另一个新人一起去请教同备课组的老教师，就是问问先上哪一单元，答曰：不知道。结果，两个新人上了现代文，而"老人"上了文言文，那所学校新人很多，那两个老教师也不怎么老，也就三十多岁工作几年而已。这是真实的故事，我却觉得如天方夜谭，在咱们学校，在教科处的引领下，我们的氛围是年轻人成长的沃土啊！说成长是自己的事，再正常不过，有学校助力成长，是多么幸福的事。"

📖 附：青年教师朱晓萌的成长感悟

寻找成长的可能

各位领导，各位老师：

大家下午好！时光飞逝，不知不觉，今年已是我工作的第十个年头，感谢领导给我这样一个机会，让我能够停下来梳理一下自己近十年的工作历程。将此刻的自我和以前的自我进行比较的时候，会觉得这是一种蜕变，也是一种成长。这包括教育思想、工作态度、工作方法、工作热情和种种与工作相关的记忆等。这些印记全都来自教学工作中的每分每秒，那里边既有领导的关心、同事的帮助，也有自我的努力付出。当然，在这个过程中，也或欣喜或失望或振奋或彷徨，这些都让我深刻地体会到了做教师的艰辛与欢乐，回顾自我走过的教学之路，我有几点成长感悟与大家分享。

一、认认真真做好每一份工作，成功就会不期而至

我们经常说要认真工作，但每个人对于认真的认识不同，所以他们判定认

真工作的标准也不同。生活中，尤其是在工作中，有许多事是必须做的，有许多事是必须做好、达到目标的，有许多事即便难以为、不可为，但却必须是有所为的，有许多事是必须周密思考、一步一个脚印，踏踏实实做好每一环节、每一细节的，有许多事在做的时候必须追求效率，必须追求完美，我觉得这就是认真。回顾自己参加的每一次讲课比赛，每一次素养大赛，每一次公开课，甚至每一次教学成绩对比，我之所以能取得一点成绩，我觉得很多时候并不是因为自己能力有多强，水平有多高，而是在于自己只是相对来说做事更认真一些。正是这种认真的态度，使得我把学校安排的每一项任务都当作对自己的一种考验、一种磨砺，不断鞭策自己，要做就全力以赴。以前段时间的教学视导举例，因为一直忙于月考出卷，阅卷，还有六个班的教学任务，没有时间好好备课，也曾在心里想：要不随便应付一下吧，教研员也不是第一次听我的课了，但最终还是打消了这种念头，连续几天晚上都是把孩子哄睡之后再爬起来备课，熬了几天夜，认认真真备课，还和学生一起排练了情景剧，提前准备了自强小故事和发言材料。最终呈现了一节流畅的视导课。

我始终记得曾听过的一段话：每个教师都应该把自己当作品牌来经营。你的每一次亮相、说过的每一句话、做过的每一件事，上面都标志着你自己的logo。对我们青年教师来说，我们更要重视每一次亮相的机会，不急躁不浮夸，认真专注，不贪求捷径，这样的努力更有力量。

生活常常奖励聪明的人，但聪明人的成功之道，却往往是看似笨拙的认真与勤奋。这个世界最怕你认真，认真你就赢了。

二、每一次、每一天比他人多做一点点

回想自己参加的三次素养大赛，除了认真对待，很多时候我都会比他人多做一点点。这一点点体现在教育叙事的方式上，体现在朗诵内容的选择上，抑或是数字故事的语言上、课题的规范性上，每一次，我都力求能有一个点打动评委。很多人做事都是寻求"刚刚好"的状态。但其实，多做一点点，小积累，也能带来大改变。

工作至今，尽管已经讲了很多次公开课，比赛课，也积攒了一些经验。但每当接手一项新的任务时，我都会有一种本领恐慌，心里总是对自己说：比你年轻和优秀的人比比皆是，你不努力一点很快就过时了。这种本领恐慌推动我每次都多做一点，再多一点，它是我不断前进的动力。

这种"每一次多做一点的心态"也促使我每一天比他人多做一点点，比如，每天挤时间读点书，每天坚持做点读书笔记，每天坚持反思一下自己的课堂。每天比他人多想一点点，比如，怎样做学生的德育工作更有效，一堂课怎样组织教学效果会更好，怎样实施才能让学生得到个性化发展。这样做下去，每天就能多收获一点点，每天就能多进步一点点，虽然只有这么一点点，但是日积月累，坚持不懈，不断增加，你的进步，你的成长程度肯定会让你都感到吃惊。

希望大家从现在开始，每一次、每一天比他人多做一点点。当有一天，你枝叶婆娑，绿树成荫时，也请一次次低下头，让汗水一次次没过你的眼睛。

三、最快的脚步是"坚持"

回想一开始我们走上工作岗位时，大家都带着十足的热情和激情，都有许多梦想和打算，但是在后来的学习、生活、工作中，繁重的教学任务、学生的顽劣，每天都不断地重复着相同的工作、絮叨着相同的话把我们的心气磨没了，尤其是当我们有了家庭、有了孩子、有了琐碎的烦心事后也丧失了刚刚走上工作岗位的那种豪情壮志。如果没有坚持的毅力，是很难保持热情、昂扬激情的，也是很难实现梦想，适应环境，有所作为的。

今年暑假我参评市教学新秀，到了最后一关需要讲课，恰好我刚刚产后两个月，每天围着孩子各种忙乱，收到讲课通知时，我当时很想放弃，打电话给单主任，咨询怎样申请不讲课。单主任一听我不想讲课，就劝我一定不要放弃，错过了这次就没有下次了。最终我打消了不讲课的念头，从收到通知到讲课只有五天的准备时间，我把自己关在书房里，连续熬了五天，将四册教材认认真真备了一遍，写了密密麻麻的详案，最终顺利通过了讲课。现在回想，如果当时没有咬牙坚持下去，真的放弃了，如今一定追悔莫及。

所以，我想对大家说的是，你所遇到的困难险阻只不过是生活给你的一点小小考验。如果你选择放弃，首先最对不起的就是你自己。我们每一天的态度，每一天的坚持与努力，都关系到我们每一时内心的清风明月，每一刻的一地阳光。每一个闪闪发光的人，都在背后熬过了一个又一个不为人知的黑夜，那些都是成长路上最扎实的脚印，是我们真正值得拥有和赞叹的地方……

讲到这里，想和大家分享一首小诗《总得有人去擦亮星星》：

总得有人去擦亮星星，

因为那些八哥、海鸥和老鹰都抱怨星星又旧又生锈，

想要个新的我们没有。

所以还是带上水桶和抹布，

总得有人去擦亮星星。

行动力是对困难最好的回击，没有人能随随便便成功，每个人取得的成就都是通过自己的坚持和努力打拼下来的，我们青年教师要以行动擦亮属于自己的那片"星空"。

最后，祝大家回头有一路故事，低头有坚定的脚步，抬头有清晰的远方，勇攀高峰，继续成长！

2021年12月

总之，"新"对"旧"的超越，"青"对"蓝"的倒逼，"内"与"外"的结合，良好的校本研究机制激发了教师发展内驱力，提升了研究意识和研究能力，使教师自觉、积极、主动地将研究与教学融为一体，在研究中实现教师专业成长的飞跃。研究型教师队伍不断壮大，教研氛围日益浓厚，教研能力不断提升。

学校教科研工作成效赢得了教育同行的广泛认可和良好的社会声誉。学校在全市和区教学工作会议上做了典型发言。学校被评为日照市教科研先进单位。

［完成时间：2022年7月，本文系山东省基础教育教学改革项目《基于教师发展内驱力提升的区域课题研究组织机制探索》（项目编号：3711021）研究成果之一］

如何撰写一份好的教案

　　教案是教学的底本，教师有教案，正像导演和演员有剧本一样。无教案为依托，教学必然会散漫随意；无教学设计为导向，教学必然会杂乱无章。

　　撰写教案的过程就是对教学内容逐渐钻深吃透的过程，就是教学思路逐渐趋于完善的过程。

　　课件只是一个辅助手段，不能用课件代替教案。

一、教案编写主要内容

表1

章		节		课题		课型	
学习目标							
教学重点							
教学难点							
教学环节及时间分配	教师主体活动				学生主体活动		二次备课
板书设计							
作业							
教后反思							

（一）学习目标

物理观念：从物理学视角形成的关于物质、运动和相互作用、能量等内容的总体认识；是物理概念和规律等在头脑中的提炼与升华，是从物理学视角解释自然现象和解决实际问题的基础。

科学思维：是建构物理模型的抽象概括过程；是分析综合、推理论证等方法在科学领域的具体运用。

科学探究：既是学习目标也是学习物理的主要方式。是一种综合的、关键的科学能力和素养。

问题：初步具有科学探究意识；

证据：初步具有设计探究方案和获取证据的能力；

解释：初步具有分析论证的能力；

交流：初步具有交流与合作的意愿和能力。

科学态度与责任：是在认识科学本质和了解科学、技术、社会、环境之间关系的基础上形成的，具体内容有：探索自然的内在动力，严谨认真、实事求是、持之以恒的品质，热爱自然、保护环境、遵守科学伦理的自觉行为，以及推动可持续发展和实现中华民族伟大复兴的使命担当。

陈述"学习目标"的四个基本要素：行为主体+行为表现（动词+核心概念）+行为条件+表现程度。

1. 行为主体的阐述

教学中学习的主体是学生。因此，陈述中就不应用"培养学生……""提高学生……""让学生……"等词句，这样表述时行为主体是教师，从语法角度看，主语是教师，而宾语是学生。新课程中我们应当这样表述："知道……，能从物理学视角认识……；通过观察和实验认识……，建构……概念；通过观察和过程推导，了解……产生原因；会用……知识解释……现象和解决生活实际问题"等。

2. 行为动词的阐述

行为动词是编写学习目标的核心。针对学习目标，它应当阐明学生在学习结束后能做什么，使用表达学习目标的行为动词要具体准确，尽可能使之具有可评估、可理解的特点，即要有好的操作性。

3. 行为条件的阐述

即对学生学习的能力水平的要求。对行为条件的表述通常有两大类型：一是辅助性的，如可以借助手册、词典、书籍、图表等去完成行为。二是限制性的，如在规定的时间内或规定的情境中去完成行为（如不使用工具书或在课堂内）。行为条件应当是清楚的，不可以模棱两可，否则学生难以适从。

下面是一些关于行为条件的陈述：

（1）学习……后，能够区分……

（2）通过……实验后，了解……可分为……和……

（3）学习……之后，能够在表×中查到……的具体数值。

（4）学习……后，能用实验证明自然界中只有两种……

4. 行为程度的阐述

行为程度又称行为标准，是在教学目标相同时，教学所要达到的最低标准或能力水平。

下面是一些关于行为程度的表述及实例：

（1）（习题教学，对某重点题）80%的学生能够提出三种以上的解法。

（2）在学习……之后，能举出三个以上的应用实例。能举出一种证明方法。

（3）在完成实验后，能写出规范的实验报告。

（4）通过陈述来证明已经熟悉了……的结构，并能说出已学过的……在……中的位置。

（5）全体学生能够正确地画出……实验电路图。

例1：电路的连接

【学习目标】

科学观念：

（1）了解电路连接的基本方式。

（2）知道串联电路和并联电路的基本特点。

（3）能作简单的电路图，会连接简单的串联电路和并联电路。

科学思维：

（1）用对比方法初步建构串联电路和并联电路的知识框架。

（2）能说出生产生活中采用简单串联和并联电路的实例，发展观察及思维能力。

科学探究：

（1）通过观察和实验，探究串联电路和并联电路的基本特点。

（2）通过观察和实验，探究开关在串联电路和并联电路中的控制作用。

科学态度与责任：

（1）逐步克服连接并联电路时容易出现的困难，体验战胜困难、解决问题的喜悦。

（2）培养探索的求知欲，学会在交流与合作中学习。

（3）了解科学技术对社会发展的作用，激发学习科学的兴趣。

例2：牛顿第一定律

【学习目标】

物理观念：

（1）知道力是改变物体运动状态的原因。

（2）能从物理学视角认识运动与力的关系。

（3）初步形成运动和力的相互作用观。

科学思维：通过对牛顿第一定律的探究和"二力平衡"的模型建构，培养基于事实证据，借助科学推理对不同信息、观点和结论进行质疑和批判、检验和修正，进而提出创造性见解的能力。

科学探究：培养基于观察和实验提出问题、猜想假设、设计方案、收集证据得出结论，以及对过程和结果进行交流、评估的能力。

科学态度与责任：通过体验伽利略斜面小车实验探究，体会物理与生活的密切联系，培养不迷信权威、敢于坚持真理、实事求是、尊重自然规律的科学态度以及为实现中华民族伟大复兴而努力的责任感与使命感。

（二）教学过程设计

教学内容的选择、教学方法的设计，以"声音的产生与传播"为例（见表2）。

表2

教学环节及 时间分配	教师主动活动	学生主体活动	二次 备课
1.创设情境 导入新课 2.新授过程 3.巩固练习 4.总结升华	1.通过大家的交流方式引出课题：第一章声现象 2.打开音乐盒，伴着美妙动听的音乐，请学生提出自己想知道的关于声音的问题 3.声音的产生 （1）组织学生活动：抖书，拨尺子发出声音。并总结出发声体的共同特征 （2）演示实验1：音叉小球，把小球放在正在发声的音叉旁，看到小球弹起。实验2：敲响音叉迅速放到水槽里，水槽激起水花 （3）组织学生体验振动发声 （4）启发举例：在我们生活中有哪些常见的振动发声的例子？ 4.声音的传播 组织学生做拍桌子的实验 5.声速 请同学们阅读课本，观察课本图片，对比声速与光速的大小，解释为什么总是先看见闪电再听到雷声？ 指导学生完成学案上的巩固练习	1.回答，交流 2.伴随着美妙的音乐提出问题 3.观察发声体的特征并总结归纳 4.观察，思考 5.体验：声带振动、拍桌子使桌子上物体振动 6.举例 做实验，体验思考 看书，思考、回答问题 做练习，小组交流 反思本节课的收获	

图1展示的仅仅是一个教学内容的罗列，无教师、学生的活动。

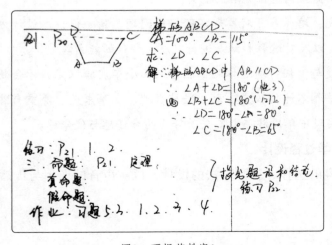

图1　不规范教案1

图2展示的行为动词不准确，教师的作用不明了。

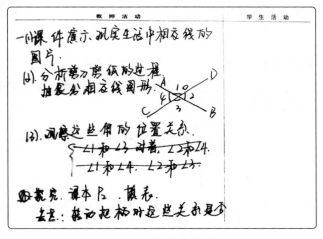

图2　不规范教案2

（三）教学反思的内容

"一个教师写一辈子教案不一定成为名师，如果一个教师写三年反思可能成为名师。"

——叶澜

教学反思主要记录些什么？

（1）记载成功之笔。

（2）牢记失败之处。

（3）捕捉瞬间灵感。

（4）珍视学生见解。

（5）进行再教设计。

教师的成功=实践+反思+学习。

三、教案撰写要求

（1）新教师或驾驭课堂能力较差的教师要写详细教案。

（2）教学能力强、实践经验丰富的中青年教师，可以采用详案与简案相结合的方法，简案要提纲挈领，彰显个性，鼓励写出精品教案。

（3）对于老教师，在教案格式上不做过多要求，但对于新知识、新材料、新观点，应要求尽量全面地收集资料。

（4）检查教案的方式是定期检查与抽查相结合，结果与考评挂钩。

［原稿写于2011年9月，供培训学校青年教师使用。2022年7月依据2022年版新课标、参考李春密主编的《义务教育课程标准（2022年版）课例式解读初中物理》进行了部分修改］

教　学　篇

创新设计

《密度》教学设计

【教学目标】

1. 理解密度的概念、公式、单位，会用公式 $\rho=\dfrac{m}{V}$ 计算物质的密度。

2. 认识用实验、比较的方法建立密度概念的过程，认识用比值定义密度的方法。

3. 培养学生学习物理的兴趣和发现探索问题的良好学习习惯。

【教学重、难点】

教学重点：密度的概念、单位、公式。

教学难点：建立并理解密度的概念。

【教学方法】

实验探究、比较。

【教学器材】

演示器材：烧杯、水、酒精、盐水、糖水、多媒体课件。

学生器材：天平、砝码、量筒（100 mL、200 mL）、烧杯、铁块（10 cm³ 20 cm³）、铝块（10 cm³ 20 cm³）、某种金属块（10 cm³ 20 cm³）、细线、水等。

【教学过程及案例分析】

表1

探究过程	教师活动	学生活动	案例分析
一、认识物质的方法	利用课件出示问题并演示： （1）两手各拿铝块、铜块，问：哪块是铝？哪块是铜？ （2）一杯酒精和一杯水，如何区分？ （3）若换成是盐水和糖水，又该如何鉴别？ （4）手压木头和海绵，哪块是海绵呢？ （5）我们是根据什么来区分识别这些物质的呢？ （6）取出两块体积相同、表面包有同种纸的金属铁和铝，如何识别它们？ （7）换成体积不等的铝和铁，这两块中，哪块是铝？哪块是铁？	（1）说出其各自鉴别方法。 （2）认识到：①颜色、气味、味道、软硬程度等是这些物质的特性，我们就是根据这些物质特性来鉴别物质的。②比较其方法的适应范围和各方法的缺点，促使其寻找更具有普遍意义的识别方法。 （3）意识到：能否从物质的质量和体积这两个任何物质都具有的因素来考虑去认识物质。	通过激发学生对"怎样识别物质"这个问题的兴趣和欲望，使学生能够较自然地进入"猜想与假设"之中，并使学生在对识别物质方法、比较、判断其适应范围的过程中，逐渐进入到如何才能找到具有普遍意义的识别方法的思考中，并过渡到能否用物质的质量和体积识别各物质的猜想上，从而激发"制定探究计划，验证猜想"的欲望。
二、用"比值"法来探究物质性质	（1）将全班同学分成四个大组，大组再分成若干小组，每小组只测一种物质的质量、体积及其比值。 （2）利用课件投放实验记录表格。 实验一（铁） 表格见下： 铁 | 质量（g）| 体积（cm³）| 质量/体积（g/cm³） 1 长方体 2 圆柱体	（1）讨论实验方案，确定实验步骤。 （2）分组实验，记录数据。	全班分成大组的目的，不只是为了节省时间，更重要的是：通过大组间的合作交流，培养学生的合作意识和合作能力。

探究过程	教师活动	学生活动	案例分析
二、用"比值"法来探究物质性质 分组实验 收集证据 分析论证	实验二（铝） （见下表） 实验三（水） （见下表） 实验四（某种金属） （见下表） （3）引导学生分析数据，得出结论。	（3）小组分析数据，讨论得出：铁、铝、水的质量都随体积的改变而改变，并且其质量与体积成正比。即：相同物质，其质量与体积的比值是相近的。 （4）在小组讨论的基础上，大组之间合作交流，从而又得出：不同物质，其质量与体积的比值是不同的。	从"相近"到"相同"之间有一个思维的飞跃过程，此处应对学生进行科学思维方法的教育，即对实验的测量、物质的纯净程度进行理想化假设，从而推理得到"相同物质，其质量与体积的比值是一定的"这一科学结论。
三、建立密度概念，说明公式和单位的由来	（1）在学生分析论证的基础上，说明：在物理学中，常用两个物理量的比值来得到一个全新的物理量。例如：匀速直线运动的速度等。物质质量与体积之比也可以得到一个全新的物理量，我们称之为密度。进而引出密度的定义、公式、单位并板书。 （2）引导学生回答铁的密度是多少？这表示什么意思？ （3）铝的密度为多少？如果第二小组的同学再有一块30 cm³的铝块，质量为多少？密度又为多少？为什么？ （4）请第四小组的同学汇报实验数据，请同学们算出他们所测的某种金属的密度，看一看老师发给他们的是什么金属？		

实验二（铝）

铝		质量（g）	体积（cm³）	质量/体积（g/cm³）
1	长方体			
2	圆柱体			

实验三（水）

水		质量（g）	体积（cm³）	质量/体积（g/cm³）
1	长方体	40		
2	圆柱体	80		

实验四（某种金属）

某种金属		质量（g）	体积（cm³）	质量/体积（g/cm³）
1	长方体			
2	圆柱体			

探究过程	教师活动	学生活动	案例分析
三、建立密度概念，说明公式和单位的由来	（5）由此充分说明密度是物质的一种特性，可以用密度来鉴别物质。现在大家能否判断出体积不相等的铁块和铝块了吗？怎么判断？ （6）引导学生确认：密度是物质的一种特性，它不随体积、形状、质量的变化而变化。 （7）利用课件投放例题：一物体体积为100 dm^3，测得质量为0.78×10^3 kg，该物质的密度是多少g/cm^3？组成该物体的物质是什么？若将物体分为相等的三部分，则每一份的密度是多少？	（1）在回顾速度概念的基础上，正确理解密度的定义、公式、单位。 ①定义：单位体积某种物质的质量叫作这种物质的密度。 ②公式：$\rho = \dfrac{m}{V}$ ③单位： 主单位：kg/m^3 读作：千克每立方米。 常用单位：g/cm^3 单位换算： 1 g/cm^3=1000 kg/m^3 （2）完整地读出：铁的密度是7.8×10^3 kg/m^3 表示:1m^{3}的铁的质量是7.8×10^{3}kg （3）ρ=2.7×10^{3}kg/m^3，$m=81$g，ρ=2.7×10^3 kg/m^{3}密度不变，因为物质不变仍为铝 （4）ρ=2.7×10^{3}kg/m^3，是铝。 （5）能。测密度。如果ρ=2.7×10^{3}kg/m^3，即为铝。那另一块则是铁了。 （6）完成例题的求解过程并交流讨论。	探究活动结束后，通过习题的形式，引导学生对探究过程和方法、获得的知识和技能、科学思维的方式等进行反思和再评估。

续 表

探究过程	教师活动	学生活动	案例分析
四、交流与合作	利用课件展示下列问题： （1）在识别物质的过程中，你是怎样想到用其质量与体积的比值来进行研究的？ （2）相同物质其质量与体积之比的数值通常是相近的，你是怎样分析、推理得到"相同物质，其质量与体积的比值是相同的"这一结论的？ （3）某液体的密度是0.8×10^3 kg/m³，你采用什么办法才可以肯定它是何种液体？留给学生一定时间进行交流、讨论。		（1）引导学生对识别物质的方法进行总结，并对"比值"的方法进行反思。 （2）使学生对各种物质的识别方法的优、缺点有所了解，认识到任何一种识别物质的方法都不是万能的，而是各有优点和缺点，同时对物质的识别往往也不是一种方法就能确定的，而要用多种方法来从不同方面进行识别，这样才能加以确定。

（完成时间：2003年1月）

"眼睛和眼镜"教学设计

【教学设计思想】

探究式学习方式旨在将学习重心从过分强调知识的传授和积累向知识的探究过程转化，从学生被动接受知识向主动获取知识转化，从而培养学生的科学探究能力、实事求是的科学态度和敢于创新的探索精神。为此，我在设计（包括实施）中力图体现：以学生发展为根本，根据学生学习的特点设计、选择教学的方法，通过实际问题的解决过程，寻找教与学的切入点，把方法的获得、能力的提高融入获取知识的过程中，将学生下意识运用到的科学方法和良好的思维脉络展露出来；教师引导学生进行合理的归纳与总结，将未知的知识和隐含的学科方法有机结合起来，让学生领悟知识获取的过程和方法，为培养主动探究、解决新问题的良好意志品质奠定基础。

【学习任务分析】

"眼睛和眼镜"是新教材（人教版）物理八年级上册第三章"透镜及其应用"中的第四节，是第三章中的重要组成部分。本节内容是在学生认识了凸透镜的会聚作用和凹透镜的发散作用，了解了凸透镜如放大镜、照相机、投影仪等的应用，探究了凸透镜成像规律后的一个与人们生活密切相关的内容。学生在教师的引导下，把眼睛作为一种像照相机那样的光学仪器，深入浅出地学习眼睛的结构、成像原理、眼疾的原因及矫正方法，这些内容都与我们的生活息息相关。本节教材内容是充分体现新的课程基本理念"从生活走向物理，从物理走向社会"的一个很好的范例。

【教学分析】

1. 学习本节内容之前学生已经学习了透镜的作用，了解了凸透镜（如照相机）在生活中的应用，第三节又进行了凸透镜成像规律的实验探究，这些都为本节内容的学习打下了很好的基础。

2. 眼睛作为人体的一个重要器官，生物课上已经学过人眼的结构，虽然学生对眼睛已经有了一个大致的了解，但仅仅是停留在"知其然，不知其所以然"上。

3. 本节内容贴近学生的生活实际，学生充满好奇心，具有强烈的学习兴趣。

【教学重、难点】

教学重点：眼睛的成像原理和自动调节作用，近视眼和远视眼的矫正。

教学难点：眼睛的自动调节作用，近视眼和远视眼的矫正。

【教学目标】

知识与技能：

（1）了解眼睛的构造，知道眼睛是怎样看见物体的。

（2）了解眼镜是怎样矫正视力的。

过程与方法：

（1）通过分析眼睛观察远近物体的比较、近视眼与远视眼的比较、眼睛与照相机的结构与成像原理的对比，经历体验和感悟"比较"是研究问题和解决问题常常采用的一个方法。

（2）尝试应用已知的透镜对光线的作用和凸透镜成像规律等科学知识来解决相关问题、解释有关现象，获得初步的分析能力。

情感、态度与价值观：

（1）通过课堂教学和课外主题活动，培养学生关心残疾人和热爱世界的情感。

（2）通过课堂教学和课外主题活动，使学生具有眼保健意识。

【教学准备】

1. 多媒体课件，主要用来动态演示：眼球结构、眼睛的成像原理、近视眼和远视眼的成因及矫正方法。有利于突破难点，加深理解。

2. 光具座、凸透镜、光屏、蜡烛、眼镜、白纸，主要用来实验探究近视眼、远视眼的成因及矫正。

【教学过程】

（一）创设情境，引出探究课题

播放盲人阿炳的《二泉映月》乐曲，同时展示几组图片和视频：

（1）盲童在用手认真地看书。

（2）请戴眼镜的同学摘去眼前的眼镜，把自己的感受告诉大家。

（3）出示一份班内同学的近视、远视情况调查报告。

教师讲述：眼睛是心灵的窗户，是人体最重要的感觉器官，如果眼睛发生疾病，我们就可能看不清或看不见周围美好的一切，甚至生活在黑暗之中，所以我们应像爱护生命一样爱护眼睛。你了解自己的眼睛吗？请提一个有关眼睛的问题。

小组交流，提出问题（眼睛是怎样看到物体的？近视眼、远视眼是怎样形成的？等等），最后通过讨论确定本节课所要解决的课题。

（二）新课学习

过渡语：都说眼睛是"神奇的照相机"，那么它们之间有哪些相同点呢？

课题一：眼球的结构和成像原理

利用课件展示眼球结构（图1），提出问题，学习小组自主讨论发言（可事先让学生阅读教材、看课外书或上网查资料），然后师生共同总结归纳。

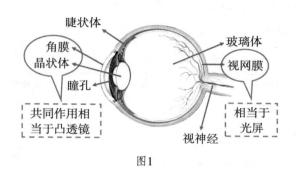

睫状体

角膜
晶状体

瞳孔

玻璃体

视网膜

共同作用相
当于凸透镜

相当于
光屏

视神经

图1

问题一： 眼球主要由哪几部分组成？

请一名同学介绍眼球结构，其他同学补充。

问题二： 眼睛是怎样看见物体的？

晶状体和角膜的共同作用相当于一个凸透镜，外界物体反射来的光线，经过角膜、房水，由瞳孔进入眼睛内部，再经过晶状体、玻璃体的折射作用，会聚在视网膜上，形成物体的倒立、缩小的实像。视网膜上的视神经细胞受到光的刺激，把这个信号传输给大脑，我们就看到了物体。

问题三： 眼睛睫状体起什么作用？

眼睛的睫状体的作用是调节晶状体的形状，当睫状体放松时，晶状体比较薄，远处物体射来的光刚好会聚在视网膜上，眼球可以看清远处的物体；当睫状体收缩时，晶状体变厚，对光的偏折能力变大，近处物体射来的光会聚在视网膜上，眼睛就可以看清近处的物体。

问题四：眼睛中瞳孔起什么作用？

瞳孔好像照相机的光圈，它能改变大小以控制进入眼睛的光线量，外面光线强的时候，瞳孔缩小；光线弱的时候，瞳孔变大，从而使眼睛接受的光线量总是恰到好处。

问题五：视网膜起什么作用？

眼睛中视网膜的作用是把物体成的像的光能转变为神经冲动，再经过通往大脑的神经把神经冲动传入中枢神经系统，到达大脑皮层的视觉中枢，产生视觉，视网膜好像照相机的胶卷。

师生总结：我们的眼睛就是这样：光线由我们所观看的物体发出，经过瞳孔再经由角膜及晶状体，最后会聚在视网膜上。

课件展示：眼球与照相机结构对比（见表1）。

表1

眼睛	照相机
瞳孔	光圈
角膜、晶状体（相当于一个凸透镜）	镜头
视网膜（视神经）	底片（感光底片）

接着利用课件质疑：用凸透镜使距离不同的物体成像，像与透镜之间的距离不同。而用眼睛看远近不同的物体时，像都成在视网膜上，即像与透镜的距离不变。这不是与透镜成像规律有矛盾吗？

小组讨论，交流看法：虽然眼球与照相机的成像原理相同，但调节方式是不同的。通过对比讨论，使学生进一步认识到：眼球具有自动调节功能，晶状体是一个"全自动变焦"镜头（图2）。

同时通过多媒体动画演示，加深印象。

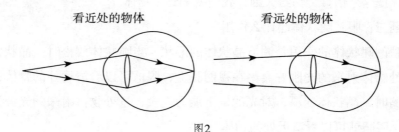

图2

过渡语：我们的眼睛实在了不起，我们不需要像摄影师那样，要考虑到环境的光暗或物体距离，我们的眼睛会自动调节，只要眼睛各部分运作正常，每一次我们均可"摄"取一张美丽动人的"相片"。有些人单靠自身眼睛的调节已不能使像成在视网膜上，这种情况是怎么形成的？如何处理？引出课题二。

课题二：近视眼与远视眼的成因及矫正

小组交流，对比，汇报。然后课件动画演示：

课件展示：近视眼成因（图3）和远视眼成因（图4）.

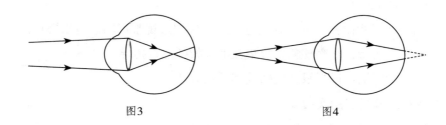

图3   图4

近视眼成因：近视眼只能看清近处的物体，看不清远处的物体。近视眼晶状体太厚，折光能力太强，或者视网膜距晶状体过远，致使远处射来的平行光线未到达视网膜就已聚成一点，而当光线到达视网膜时又都分散开了，形成一个模糊的光斑，因此看不清远处的物体。

远视眼成因：远视眼只能看清远处的物体，看不清近处的物体。远视眼是晶状体太薄，折光能力太弱，或者视网膜距晶状体过近，致使近处射来的平行光线到达视网膜时还没有聚成一点，形成的物像落在视网膜的后方，在视网膜上形成一个模糊的光斑，因此，看不清近处的物体。

质疑：那么如何矫正近视眼和远视眼？能否通过实验模拟矫正近视和远视的过程？

学生讨论、设计实验方案，交流，选择实验器材，教师补充说明。

1. 近视及其矫正的实验

（1）实验设计。

① 明确凸透镜、蜡烛、光屏的摆放位置和扮演的角色。

② 把蜡烛、凸透镜和光屏按图5所示摆好，模拟正常人眼看物体的情况。

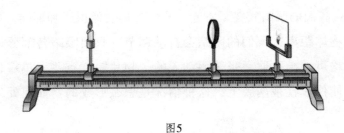

图5

③ 模拟近视眼看远处物体的情况：把蜡烛向左移动一定距离，此时蜡烛的实像不再落在光屏上，光屏上蜡烛的形象变得模糊，用一张白纸在光屏前移动，可得到蜡烛清晰的像。

④ 将一个近视眼镜镜片放在凸透镜前，模拟近视眼用凹透镜来矫正视力。

（2）进行实验，观察现象，收集数据，教师巡查指导。

（3）总结归纳：近视眼的成因及其矫正方法。

2. 远视及其矫正的实验

根据上面近视眼成因及矫正的学习，以小组为单位，进行探究，教师对学生的探究给予肯定，同时利用多媒体动画演示近视眼与远视眼的成因及矫正，加深印象。

过渡语：请几位戴眼镜的同学说说戴上眼镜之后在生活和学习中的不方便之处。思考怎样注意用眼卫生。

课题三：保护眼睛预防近视

小组交流：生活中的错误用眼方法。

课件出示有关眼保健知识，学生自读，默看。

据统计，我国12亿人口有25%近视，青少年近视情况也越来越严重。近视应以预防为主，要了解近视产生的原因及其他影响因素，从根本上进行预防。

引起近视的原因归结起来不外有遗传和环境两大因素。其中，环境因素是导致学生近视的主要因素。

环境因素：近视眼的发生和发展与近距离用眼的关系非常密切。青少年的眼球正处在生长发育阶段，调节能力很强，眼球壁的伸展性也比较大，阅读、书写等近距离工作时，不仅需要眼的调节作用的发挥，双眼球还要内聚，这样眼外肌对眼球施加一定的压力，久而久之，眼球的前后轴就可能变长。前后轴每加长1毫米近视就达–3.00屈光度（也就是普通说的300度），当然这种近视绝大多数为单纯性近视，一般度数都比较低，都在6屈光度以下，发病多在青春期前后，进展也比较缓慢，有人把这种近视称之为真性近视，以示与假性近视相区别。

小组讨论：预防近视，应该注意的问题。

青少年为了预防近视的发生，应注意以下几点：

（1）注意用眼卫生。养成良好的阅读、书写习惯：看书、写字姿势要端正；坐车走路不要看书；看书时间久要注意休息放松眼睛；不要长时间玩电子游戏；坚持做眼保健操等。

（2）注意锻炼身体。合理营养，增强体质，制定合理的生活作息制度。饮食中注意摄取富含维生素A、B2、C、E的食物，多吃肝脏、牛奶、蛋黄、绿叶蔬菜、胡萝卜等食物，还要多吃粗面杂粮，少吃糖果，限制高动物脂肪的摄入，预防近视的发生和发展。

（3）定期检查视力。建立视力档案（有条件的应从幼儿园开始），监测边缘视力（1.0左右）。当发现视力低于1.0时应及早矫治。

（4）做眼保健操。

3. 课堂总结

（1）小组讨论、交流本节课的收获。

（2）按课本上"动手动脑学物理"的知识，测出你的近点。和其他同学比较一下，正常眼、近视眼、远视眼的近点相同吗？有什么规律？

（3）谁不希望自己拥有一双明澈的眼睛？"爱护眼睛，远离近视"，是我们健康用眼的主题，说一句爱护眼睛的话，并要求自己努力做到。

（4）6月6日为全国"爱眼日"，为今年的"爱眼日"制订一个活动方案并落实。

4. 课后拓展

阅读科学世界"眼镜的度数"，回答提出的两个问题。

【教学流程图】

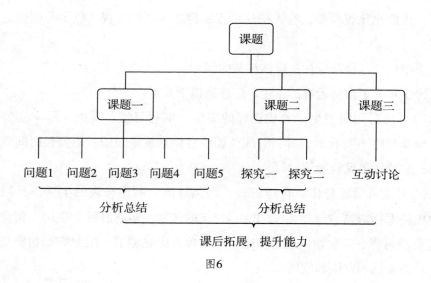

图6

【课后反思】

1. "同中求异，异中求同"这一对比教学法，在本节课的教学过程中得到了充分的体现。例如：在学习"眼睛的成像原理"时，拿眼睛与照相机做对比，找出它们的异同点，更加突出了"晶状体是一个全自动可变焦镜头"的认识，为下一个环节的学习做了很好的铺垫。

2. 本节课在探究"近视、远视的成因与矫正"时，采用学生自主实验探究的方式进行，突出显示了学生的主体地位，充分挖掘了学生潜在的创新能力，充分体现了以人为本的教学理念。

3. 本节课恰当地利用了多媒体进行动画模拟演示，使学生的学习资源更为直观、形象。

（完成时间：2008年6月，本文获2006年全国教学设计大赛一等奖）

《牛顿第一定律》教学设计

【设计思想】

在教学内容的设计方面，注重知识问题化、问题层次化，让不同层次的学生都有思考与讨论、交流与合作的空间；注重面向全体学生，提高每一位学生主动参与课堂教学的积极性。在教学过程的设计方面，关注学生对知识形成过程的理解，让学生亲历思考和探究的过程，领悟科学探究的方法。鼓励学生积极发言，对学生的回答作出积极评价，并让学生进行自我评价和互评，形成生生、师生之间的多向反馈渠道。最终使学生学会知识，掌握技能，经历过程，体验方法，培养学生勇于探索、不畏艰险、挑战权威的科学精神。

【教学目标】

知识与技能：

（1）知道伽利略的理想实验及其主要推理过程和推论，知道理想实验是科学研究的重要方法。

（2）理解牛顿第一定律的内容及意义。

（3）理解惯性的概念，能够正确解释惯性现象。

过程与方法：

（1）体验伽利略理想实验的推理过程，理解理想实验是科学研究的重要方法。

（2）通过实验加深对牛顿第一定律的理解。

（3）观察生活中的惯性现象。

情感、态度与价值观：通过分析亚里士多德和伽利略对力和运动关系的不同认识，以及对笛卡儿的推论和牛顿第一定律的比较分析，了解人类认识事物本质的曲折性。感悟科学是人类进步的不竭动力。

【教学重、难点】

教学重点：对牛顿第一定律和惯性的正确理解；科学思想的创立过程。

教学难点：力和运动的关系，惯性和质量的关系。

【教学方法】

实验探究、交流与合作、多媒体辅助教学。

【教学器材】

1. 多媒体课件。

2. 劈型斜面、毛巾、棉布、小车、木板。

【教学过程】

（一）情景创设，引入新课

新课导入：力和运动有关系吗？

大屏幕播放视频：有趣的太空生活。

航天员在太空舱中游走穿梭，就像鱼儿在水中游泳一样；

航天员用吸管把水挤到空中，然后去喝空中飘浮的大水珠；

航天员洗漱时，随手去拿飘在空中的牙刷、牙膏、剃须刀等；

航天员互传橘子、苹果，然后去吃飘过来的水果。

观看后，请学生尝试在教室内再现以上的某个情景。

学生尝试后得出结论：教室内无法再现。

思考与讨论：太空舱中的情景为何无法在教室内重现？

太空是一个几乎不受力的环境，在这样的环境中，一切物体都可以随拿随放，而在地球上，一切物体都受到重力作用，把物体拿到空中静止释放后，物体并不能静止在原处，而是要落下来。

得出结论：力和运动是有关系的。以此引出课题：第五章研究力和运动的关系。

（二）新课展示

1. 力和运动有什么关系

（1）亚里士多德。

阅读与思考：结合课本的内容，组织学生思考、讨论并引导学生得出下列问题的答案：

① 古希腊哲学家亚里士多德的观点是什么？他是凭什么得出这个观点的？

力是维持物体运动的原因；观察和直觉。

② 造成亚里士多德得出错误观点的原因是什么？

由于地面环境中重力和摩擦力的干扰。

过渡引导：一边解说引导，一边用小车演示。

其实，最先悟出这一原因的是17世纪意大利的物理学家伽利略。他观察到，在推力作用下运动的小车，撤去推力后，小车并不是立刻停止，而是运动了一段时间才停下来的。撤去推力，小车仍可以运动，这就说明："力是维持运动的原因"这一观点，并不是力和运动的真正关系。为了找出力和运动的真正关系，伽利略巧妙地设计了一个实验，这个实验把他深邃的思想和超人的睿智体现得淋漓尽致。那么，这到底是一个什么样的实验呢？

（2）伽利略的实验。

① 实验过程。

动画展示：层层设问，步步深入，让学生经历伽利略的思考过程，体验理想实验的科学研究方法。

装置介绍：两个对接的粗糙斜面，中间用圆弧相连。

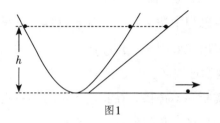

图1

师：让小球从一个斜面的某一个高度静止释放，小球的运动情况如何？试着描述出来。

生：小球滚上另一个斜面，到不了原来的高度就返回了，然后在两个斜面间往返运动，高度越来越低，最终停在斜面的低端。

师：小球为什么达不到原来的高度，而且最终又停下来呢？

生：受到摩擦阻力的作用。

师：设想斜面光滑，没有摩擦，小球的运动情况如何呢？

生：小球将达到跟原来同样的高度，然后在两个斜面间往返运动，永不停息。

师：如果减小第二个斜面的倾斜度，小球的运动情况如何？和前一次有什么异同呢？

生：小球依然达到同一高度，但经过的路程会更长，用的时间也更长。

师：推想：如果持续减小第二个斜面的倾斜度，小球的运动情况如何呢？

生：小球仍会达到同一高度，只是走的路程越来越长，所需的时间越来越长。

师：当第二个斜面变成水平面时，小球的运动情况如何呢？

生：小球将沿着光滑的水平面一直运动下去，永不返回。

师生总结：小球在水平方向上不受力，仍可以运动，这就说明：运动并不需要力来维持。伽利略由此得出结论：力不是维持运动的原因。

过渡引导：伽利略实验的整个过程，都是在假设斜面光滑没有摩擦的前提下进行的，但绝对光滑的斜面是不存在的，所以说伽利略的实验是一个理想实验。那么什么是理想实验呢？

② 理想实验。

在学生稍加讨论后，给出理想实验的概念。

理想实验是人们在思想中塑造的一种理想过程。它是以科学实验为基础，以科学事实为根据，突出主要因素，排除次要因素，运用逻辑推理，揭示物理世界的内在联系，发现物理规律。这是科学研究的重要方法。

举例说明：理想实验并不神秘。在我们下棋时，每走一步之前，总会先在脑海里布局一个假想的战场，我如何走，对手如何应付，我该怎样走，对手才无路可走。棋技越高，设想的布局方案也就越多，越深入，越全面。在这个过程，我们就在进行着理想实验。

③ 实验设计。

根据伽利略的实验和你对理想实验的理解，设计一个实验，说明力不是维持物体运动的原因。

器材：毛巾、棉布、木板、劈型斜面、小车。

要求：同桌同学讨论实验方案，说明实验步骤。

在学生讨论完后，请两位同学展示讨论的结果，边做实验边解说。（实验中要体现理想实验的思想，并合理推出结论）

④ 实验验证。

播放视频：

请同学们特别注意观察物体被推出后的运动状态。

两位航天员传背包；两位男航天员传送一位女航天员。

太空是一个几乎不受力的环境，在这样的环境中，具有初速度的物体一直运动。这就直接验证了伽利略的结论。

过渡引导：在伽利略理想实验的基础上，法国科学家笛卡儿对力和运动的关系作了进一步的推论。英国科学家牛顿又对笛卡儿的推论作了进一步的补充、完善和总结，提出了牛顿第一定律。

2. 牛顿第一定律

（1）笛卡儿的推论：一个不受外界任何影响的运动着的物体，将保持原来的运动，一个静止的不受外界影响的物体，将保持静止。

（2）牛顿第一定律：一切物体总保持匀速直线运动状态或静止状态，直到外力迫使它改变运动状态为止。

思考与讨论：

① 笛卡儿的推论中，外界影响指什么呢？外力的作用。

② 比较、分析、讨论牛顿第一定律在哪些地方比笛卡儿的推论更完善。

体现在以下四点：

第一，一个——→一切：体现出普遍性、共性。

第二，将保持——→总保持：体现出物体的固有性、特性。

第三，只研究了物体不受力的情况——→还研究了受外力的情况，说明了外力的作用。

第四，表述上，牛顿第一定律比笛卡儿的推论更明确、更简洁。

③通过②的分析，总结牛顿第一定律的意义：

说明了物体不受力时的状态：匀速直线运动状态或静止状态。

说明了力的作用：力是改变物体的运动状态的原因。

揭示了一切物体都具有的一种固有属性——惯性，因此，牛顿第一定律又叫作"惯性定律"。

过渡引导：那么什么是惯性呢？（根据牛顿第一定律得出惯性的定义）

3. 惯性

（1）定义：物体保持匀速直线运动状态或静止状态的特性。

（2）说明：

①一切物体都有惯性，惯性是物体的固有属性。

（为更好地理解"一切"和"固有"，设计以下两个问题和一个视频）

问题：地球上的物体有惯性，太空中的物体有惯性吗？

问题：人行走时有惯性，静止时有惯性吗？

播放视频：有关生活中惯性的例子，请学生解释。

思考与讨论：惯性是物体的固有属性，那么惯性有大小吗？（结合视频思考、讨论、分析该问题）

播放视频：

用一弹簧弹开静止的质量不同的两辆车，两车运动的距离不同；卡车和自行车同时刹车，停止的难易程度不同。

师生总结：质量不同的物体，保持原有运动状态的本领是不同的，质量越大，保持原有运动状态的本领越大，也就是说物体的惯性越大；相反，惯性越小。可见，物体的惯性是有大小的，并且质量是物体惯性大小的唯一量度。

②质量是物体惯性大小的唯一量度。

练习：1kg的铁块、1kg的木块、1kg的棉花，谁的惯性最大？

（3）师生总结。

学生总结：这节课我学到了什么？

教师总结：通过分析亚里士多德和伽利略对力和运动关系的不同认识，以及对笛卡儿的推论和牛顿第一定律的比较分析，我们知道了，人类对事物或规律的认识，并不是一蹴而就或一步到位的，而是需要经历一个步步深入、逐步完善的曲折的过程。

（4）反馈练习。

① 判断下列哪种说法正确（A）

A.两个质量相同的物体，不论速度大小如何，它们惯性大小一定相同。

B.物体不受力时有惯性，受力时没有惯性。

C.在月球上举重比在地球上容易，则质量相同的物体在月球上比在地球上的惯性小。

D.在地上滚动的小球越滚越慢，小球的惯性也逐渐减小。

② 正在运动的物体，如果将所受的外力同时撤去，这个物体将（B）

A.立即停下来

B.做匀速直线运动

C.速度越来越慢，最后停止

D.速度越来越快，永远停不下来

（三）布置家庭作业

（略）

【教学评价与反思】

本节课的教学设计比较全面地体现了三维目标。教学过程中，以太空生活视频引出课题，激发了学生兴趣。对教材的处理既踏实又有新意，对科学认识的发展层次把握得比较好，既注重学生经历过程、体验方法，又重视基础知识及其应用，基本达到了教学目标。

（完成时间：2010年10月）

《力》教学设计

【教学目标】

科学观念：

（1）形成力是一个物体对另一个物体的作用的认识。

（2）知道物体间力的作用是相互的，并能解释有关现象。

（3）知道力所产生的效果：改变物体的运动状态和改变物体的形状。

科学思维：

（1）用归纳法从许多与力相关的日常生活现象中建构力的基本概念。

（2）能理解力的三要素影响力的作用效果。

科学探究：

（1）通过亲自实验，体验并认识力及物体间力的作用是相互的。

（2）通过常见事例和实验认识力的作用效果。

科学态度与责任： 保持对力现象的好奇，初步领略力现象中的美妙与和谐，对自然现象有亲近、热爱及和谐相处的情感；具有对科学的求知欲，有将自己的见解公开并与他人交流的欲望，认识交流与合作的重要性，有主动与他人合作的精神，敢于提出与别人不同的见解，勇于放弃或修正自己的错误观点。

【教材分析】

1. 虽然学生在生活中对力有肤浅的认识，但是往往是不确切甚至是不科学的。要使学生初步建立起力的概念，最好是从学生熟悉的大量的生活、生产的实例中抽象出力是物体对物体的作用。

2. 教师教学中应注意引导学生举例、分析、讨论，进而概括出以下三个有关力的实质性的内容：

（1）力是一个物体对另一个物体的作用。

（2）物体间力的作用是相互的。

（3）力所产生的效果：改变物体的运动状态和改变物体的形状。

3. 本节内容是学生第一次接触力的概念，由于概念比较抽象，教学要求不宜过高，教学进度不宜过急，力的概念在今后的教学中还会逐步深化。

4. 可以通过多媒体，向学生提供大量的、直观的感性材料，这样比较容易突破难点。

5. 教学过程自始至终贯穿新课程的三维课程目标。

【教学重、难点】

教学重点：让学生经历和体验归纳力的基本概念的过程。

教学难点：从物理现象和实验中归纳简单的规律（力的作用是相互的和力的作用效果）。

【教学器材】

1. 学生学具：弹簧、旱冰鞋、磁体、铁钉、气球、硬塑料尺、碎纸屑（或泡沫屑）、熟鸡蛋等。

2. 教师教具：多媒体课件、水槽、磁石、铁钉、水。

【教学环节】

（一）创设情景，引入新课

图1

媒体演示：播放港口生产、体育活动以及日常生活中其他与力有关的视频，直观地展示力以及力产生的效果，激发学生兴趣，引发学生思考，提出问题：从这些视频中想到了什么？你在什么情况下要用力？

过渡语：力是物理学中一个重要的概念，那么，究竟什么是力呢？下面让我们一起来探究吧！

（二）进行新课教学

1. 什么是力？

（1）分析罗列的现象，引导学生从列举的实例中发现问题，提出问题，讨论交流：上述事例中牵涉到哪些物体？在描述力的时候用了哪些动词？请与同学交流。

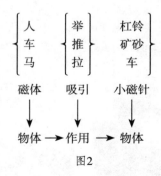

图2

（2）归纳总结：引导学生比较列举的实例，看看它们有哪些共同之处，并将观察和分析的结果和同学交流、讨论。最后得出结论：发生力的作用时，要有两个物体存在，两个物体之间还要发生推、拉、提、压等作用。

过渡语： 物理学中，通常将物体之间的推、拉、提、压、吸引、排斥等都叫作力的作用。

（3）请学生归纳力的概念，师生共同评估。

（4）引导学生分析实例中的两组物体的不同。认识什么是施力物体，什么是受力物体，并找出各例中的施力物体和受力物体。知道施力物体和受力物体总是同时存在，同时消失。

（5）提出问题，进一步理解：发生作用的两个物体必须相互接触吗？引导学生质疑并利用实验探索分析：不相互接触的物体之间也可以发生力的作用。

① 手拿磁铁靠近铁钉；②用摩擦过的硬塑料尺靠近泡沫屑。

2. 力的作用是相互的

（1）实验探究。

演示实验：

把磁石、铁钉分别固定在一塑料泡沫上，做成小船状，使它们都能够漂浮在水槽中，①先放入磁石，再放入铁钉；②先放入铁钉，再放入磁石；引导学生观察实验现象并思考。

学生实验：

① 左手拍右手，两位同学互拍，两只手用力拍桌子（找感觉），问问学生的感受，分析原因。

② 请一名穿着旱冰鞋的同学，伸出双手推另一名同学（看现象）。请学生观察所发生的现象并分析它的道理。

③ 请同学们拿起手中的熟鸡蛋用力砸桌子，鸡蛋却被敲碎了。请学生解释为什么鸡蛋碎了。

④ 请同学们用力吹大气球然后松手，观察现象，交流讨论。

鼓励学生大胆体验，说出感受，发现问题，提出问题，引出：力的作用是相互的。

（2）鼓励学生列举生活及生产、科技领域中的实例。

人们是怎样利用力的相互作用的？同时播放"神五升空举世瞩目"视频，激发学生爱国主义情感。

图3

（3）力的相互作用有没有给人们带来危害呢？引发讨论，培养学生的安全意识。

3. 力的作用效果

物体受到力在自然界中是普遍存在的。物体受到力会怎么样呢？力有哪些作用和效果呢？

（1）力可以改变物体的形状。

① 实验探究。

演示实验：用手将弹簧拉长；用手压气球。

学生实验：学生用手使刻度尺变弯曲。

② 播放视频，举例说明。

a. 跳水运动员站在跳板上。

b. 射箭。

③归纳总结：力可以改变物体的形状。学生举例。

（2）力可以改变物体的运动状态。

图4

视频播放：播放踢足球的视频。足球静止在地面上，运动员A用脚踢它时给它一个力，足球受到这个力由静止变为运动；运动员B用头冲顶足球，足球受到这个力而改变运动方向；运动员C伸手抱住足球，足球受到这个力之后由运动变为静止。

归纳总结：物体由静到动、由动到静，以及运动快慢和方向的改变，都被认为它的运动状态发生了改变。上面的例子说明了力可以改变物体的运动状态。

（三）尝试应用

让学生观看撑竿跳高视频，回答问题。

在撑竿跳高这一运动项目中，运动员对撑竿施力的同时，也受到撑竿对他的作用力。但这两个力的作用效果却不同，前者主要改变了撑竿的（　　　　），后者主要改变了运动员的（　　　　）。

（四）盘点收获

小组内交流、展示，分别从知识与技能、过程与方法、情感等方面，谈谈自己的收获。

（五）板书设计

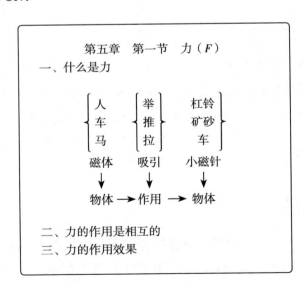

【教学反思】

1. 新课程的编写特点是内容呈现方式多样化，贴近学生生活，符合学生的认知特点；在学习方式上更是倡导自主、合作、探究学习，这就要求教师要有意识地去培养学生的问题意识、信息意识、研究意识、创新意识和合作意识。当然，在教师教法的改变和学生学习方式的改变之中对教师更是一种新的挑战。

2. 通过多媒体演示以及一系列实验，向学生提供了必要的感性材料，丰富了教学内容，扩大了观察空间。声像并茂的教学演示引起学生情绪兴奋，学生更多的感觉器官参与活动，提高了学习效率，积极投入实验设计操作中。

（完成时间：2017年12月）

谈谈初中物理教学中实施课堂自主、高效教学的体会

——以"机械效率"的课堂教学为例

课堂"高效"是指在课堂教学中，通过学生积极主动的学习过程配合教师的点拨指导，在单位时间内高效率、高质量地完成教学任务，使学生获得高效益发展。我从教二十多年，一直在不断地探索着高效课堂的路子，体会颇深。下面是我在《机械效率》一节教学时的一些体会，和各位同仁交流一下，不当之处，请批评指正。

【教材分析】

"机械效率"是"人教版"义务教育课程标准实验教科书九年级物理第十五章第二节的内容，是物理知识与生活实际联系的范例，是一节集物理现象、物理概念、物理规律于一体的、充分为学生提供实践空间和方法的课。它是初中物理力学部分的重要内容，同时又是九年级物理知识的重点。通过本节课的学习不仅可以加深学生对功的原理的理解，而且是提升学生综合分析问题

能力的一个关键。

【教学目标】

知识与技能：

（1）了解什么是有用功、额外功和总功。

（2）理解机械效率的概念，会利用公式$\eta=W_{有用}/W_{总}$进行有关计算，知道机械效率小于1。

（3）知道提高机械效率的意义和主要方法。

过程与方法：

（1）从生活实际出发，培养探究物理学的有关知识，深入认识事物的能力。

（2）经历探究斜面机械效率的过程，学习拟订简单的科学探究计划和实验方案。

情感、态度与价值观：

（1）让学生关注生产、生活中各种机械的机械效率，培养学生用机械效率来评价机械的意识。

（2）通过探究活动，进行充分的交流与合作，培养学生严谨求实的科学态度和团结协作的科学精神。

【教学重、难点】

教学重点：有用功、额外功和总功的含义；机械效率的概念及计算。

教学难点：影响机械效率大小因素的分析和提高机械效率的方法。

【教学关键点】

通过实例分析识别三种功。

【教学过程】

（一）创设问题情境，导入新课

教师在讲台上依次展示纸杯、大小不同的玻璃杯，以"端纸杯、玻璃杯喝水"为例，创设情境，提出问题，引导学生思考：人们在喝水时，对杯和水都要做功,那对什么做的功是有用的?对哪部分做的功是不需要而又不得不做的功呢?引导学生分析认识什么是有用功、额外功、总功。(教学设计说明:课本上将"运沙子"作为一个问题情境,离学生生活较远,不能很好地激发起学生的学习兴趣,而且导入时间过长,影响了后边内容的学习;"端杯喝水"更注重从学生日常生活的实际出发,可以促使学生情绪高涨地进入新知学习准备状态,导入时间短但理解深刻。)

(二)合作探究(A)

本环节主要解决两个问题:①加深理解有用功、额外功的含义;②通过实例分析识别三种功,为后边机械效率的学习做好铺垫。这一环节是本节课的一个关键点。这个环节解决好了,后边机械效率的学习就轻松多了。

首先,利用课件提出问题,引导学生思考回答:用水桶从井中提水的时候,所做的功哪部分是有用功?哪部分是额外功?如果桶掉到井里,从井中捞桶的时候,捞上的桶里带了一些水,这种情况下哪部分是有用功?哪部分是额外功?

接着,利用课件组织学生讨论分析使用滑轮组、杠杆、斜面等机械时的有用功、额外功和总功。例如:滑轮组竖直方向提升物体时的有用功怎么求?水平拉动物体时的有用功又怎么求?

设计意图:滑轮组、杠杆、斜面等简单机械效率的求解问题是本章的一个重点,也是学生学习中的一个难点,让学生在学习机械效率之前识别这些机械的三功,主要是为了分散学习难点,学生自主发现,很有成就感,印象深刻。

(三)合作探究(B)

该环节主要是引导学生理解机械效率的含义,会利用公式$\eta = W_{有用}/W_{总}$进行有关计算。这是本节课的重点和难点。

首先,启发学生尝试得出公式并组织学生讨论:

(1)机械效率有单位吗?

(2)为什么机械效率没有大于1的?

(3)用小数和百分数来表达机械效率,你认为哪种表达更好?

接着,利用课件引导学生针对各种机械的不同特点尝试得出计算各种机械效率的具体公式。例如:

杠杆的求算公式：$\eta = \dfrac{Gh}{Fs} = \dfrac{G}{F}\dfrac{h}{s} = \dfrac{GL_{阻}}{FL_{动}}$

滑轮组的求算公式：

①水平拉物体：$\eta = \dfrac{fs_1}{Fs_2} = \dfrac{f}{nF}$

②竖直方向上拉物体：$\eta = \dfrac{Gh}{Fs} = \dfrac{G}{nF} = \dfrac{G}{G+G_{动}}$

斜面的计算公式：$\eta = \dfrac{Gh}{FL} = \dfrac{Gh}{Gh+fL}$

然后，利用课件出示例题，引导学生分析解答：用一动滑轮将重200 N的沙子提到9 m高的脚手架上，所用力是120 N，求有用功、总功、机械效率各是多少？

最后，利用课件提出问题，引导学生利用变形公式分析：①同一套滑轮组的机械效率是否固定不变？②定滑轮、动滑轮、滑轮组的机械效率谁最高？

设计意图：课本中该环节的设计有点"蜻蜓点水"，一是学生的理解浮在表面上，难点并没有得到实质性的突破，学生灵活运用知识解决实际问题的能力得不到提升。例如：本节课学完后，学生只知道 $\eta = W_{有}/W_{总}$，可具体到杠杆、滑轮组等机械中不会根据具体情况灵活变通公式进行求解；二是不会灵活变通公式讨论"同一套滑轮组的机械效率是否固定不变""定滑轮、动滑轮、滑轮组的机械效率谁最高"等问题；这一问题的处理多数教师都是利用习题课简单地把变形公式抛给学生，让学生死记硬背，机械套用。由于机械效率的变形公式多而杂，学生有了抵触心理和畏难感，记忆自然是不深刻的，更谈不上灵活运用了。实际上这一环节的重点就是我们物理教学中常说的公式教学。著名物理特级教师林华民说过："公式教学应遵循原式—变式—综合的过程，教师应坚持从简单的'代入式计算'到较复杂的变式及综合应用，从追求规范书写到学会实际运用。"为此，本环节应给予学生充分的自主探究时间，让学生去讨论发现，自主得出变形公式。在讨论发现的过程中，学生灵活变通公式，运用公式分析问题、解决问题的能力得到了很好的培养，体会到了成就感和快乐感。

（四）实验探究

光滑程度一样的斜面，当倾斜程度不同时 η 是否相同？

教师首先启发、引导学生猜想并设计方案；然后指导学生按步骤进行科学探究、总结、评估。

设计意图：前边已经讨论过斜面的机械效率的计算问题，为该实验的进行做了很好的铺垫，所以该实验探究过程很容易进行。

【教学反思】

该设计更加突出了教学的重点，更加注重了对难点问题的过程探究，更加突出了学生探究和讨论的自主性，实际教学中学生兴趣浓厚，情绪高涨，思维非常活跃，课堂容量大，效率高，大大减轻了学生课后的学业负担。

（完成时间：2013年10月，此文于2013年在《中学物理》上发表）

问题引领下的"变阻器"教学设计

【教材分析】

在"双减"背景下，课堂如何提质增效是关键。通过问题引领，有效驱动学习目标达成是课堂提质增效的重要手段。滑动变阻器是初中物理电学部分的重要实验器材，变阻器的学习效果直接影响到后面"探究导体中的电流跟电压、电阻的关系""伏安法测电阻"和"伏安法测量电功率"实验的学习，如果变阻器学不好，这些内容学起来就很困难。同时，滑动变阻器类动态电路是重中之重。

【教学目标】

物理观念：

（1）通过实验，认识滑动变阻器的构造，了解滑动变阻器的基本原理、基本接法和主要作用。

（2）会根据电路熟练选用规格合适的滑动变阻器，会根据电路要求在电路中连接和移动滑动变阻器的滑片。

（3）通过对比分析滑动变阻器的不同的动态电路，深度理解"串联分压"在滑动变阻器中的应用。

科学思维：

（1）通过滑动变阻器的学习，提升运用数学思想、"串联分压"思想解决物理问题的能力。

（2）通过大单元学习培养整体建构知识体系的能力，通过学习变阻器与电流表、电压表等的关系，培养建构素养发展框架的能力以及将知识与能力有机结合起来的能力。

（3）通过对比滑动变阻器在不同电路中的相同点和不同点，学会"求异存同"的思维方法。

（4）通过分析滑动变阻器类动态电路，学会"一分为二"看待问题，提高综合分析问题的能力。

科学探究：

（1）通过实验探究，培养基于证据提出问题并作出解释的能力。

（2）通过深度探究，改掉死记硬背物理知识的不良习惯，引发学生思维迁移，提升学生解决问题的能力。

（3）通过探究滑动变阻器在动态电路中的作用，深度理解分压原理在解决滑动变阻器问题中的作用。

科学态度与责任：

（1）认识滑动变阻器在电学学习中的重要作用，体会物理概念之间的联系，学会跨学科建构知识的思想，建立科学本质观。

（2）在观察、交流分析、探究的过程中培养严谨认真、实事求是的科学态度。

【教学重、难点】

教学重点：滑动变阻器的作用；有关滑动变阻器的动态电路分析。

教学难点：运用分压原理解决滑动变阻器的滑片移动问题；有关滑动变阻器的动态电路的识别，滑动变阻器在实际电路中的接法。

【教学思路】

为有效实施"变阻器"教学，先从下面两个例题说起。

例1：如图1所示的电路中，开关S闭合，当滑动变阻器的滑片P向左滑动时，电流表示数＿＿＿＿＿＿，电压表示数＿＿＿＿＿＿，灯的亮度变＿＿＿＿＿＿。

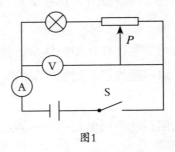

图1

例2：如图2所示，在探究"电流和电阻的关系"的实验中，定值电阻R由5Ω换成10Ω时，接下来滑动变阻器的滑片应向＿＿＿＿＿＿（选填"A"或"B"）调节。

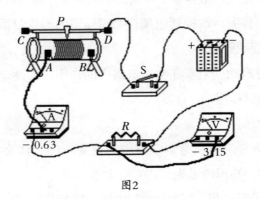

图2

例1中的第2和第3个空，学生出错率特别高；例2中滑片P到底应该向哪端调节？为什么要这样调？学生也感到很困惑。究其原因，就是在学生学习过程中，缺乏有效问题引领的思考，学生的高阶思维未能得到很好的激发，没有形成解决问题的策略。

（一）问题引领，突破教学重难点

实验探究是落实核心素养的一个重要途径。课堂上多设计一些学生实验，一来可以激发学习兴趣，二来可以落实学科核心素养。若一味追求热闹的实验形式，不但不能有效落实学科核心素养，反而会造成不良后果。《变阻器》新授课的内容主要是原理、接法、使用、作用和应用五个知识点。重点是使用和应用，难点是接法及有效电阻的判断。这节课主要以实验探究为载体来展开学习，整节课有5个实验探究活动，实验多，容量大，若平均用力，重难点问题就不能得到有效的解决和突破。

活动1：用铅笔芯改变小灯泡的亮度。

活动2：滑动变阻器的连接。

活动3：用滑动变阻器控制灯泡的亮度。

活动4：用滑动变阻器改变电阻两端的电压。

活动5：用滑动变阻器控制电阻两端的电压。

笔者曾听过一节公开课，任课教师领着学生只探究到活动3，就到下课时间了，整节课前松后紧，一节课的重难点问题根本没有得到解决，这堂课的效率是很低的，这与当下的"双减"是相违背的。原因就是活动2缺乏有效的问题引领。实际上，活动2不用实验，直接引导学生按照下边设计的问题链分组讨论即可顺利解决。

如图3所示变阻器共有*A、B、C、D*四个接线柱，问：

图3

（1）每次只能接两个，一共有几种接法？

（2）这几种接法是不是都能改变电路中的电流？

（3）哪几种接法不可以？为什么？

（4）连入电路的有效电阻是哪一部分？

（5）当滑片向右移动时，电阻是变大还是变小？电路中电流呢？

（6）两个接线柱中，起决定作用的是哪个接线柱？

第一问实际上是七年级数学的"握手问题"，套用 $\dfrac{X(X-1)}{2}$ 就很容易解决，效果好，占用时间少。通过逻辑推理解决物理问题，培养学生的科学思维能力，这也是在落实核心素养。

（二）问题引领，促进学生深度思维

"学起于思，思起于疑。"思维是学生发展能力的核心，是学生学会学习的关键。问题是启迪学生思维的钥匙，是激发学生学习兴趣的前提和立足点。在落实核心素养的课堂上，教学设计的关键不是设计简单的活动，而是要设计能驱动素养目标实现的、有一定思维难度和挑战性的问题或问题链，借此引发学生思维迁移，形成能力。

对于活动3而言，若只是设计用滑动变阻器改变灯泡亮度，认知仅仅停留在对于接法的训练上。不妨再增加一个要求：滑片左移时，灯泡变亮。这样就可以引导学生深入思考，到底应该接在下边的哪一个接线柱上？如图4所示。为什么要这样接？这样，才会深入知识的应用层面，实现思维迁移。

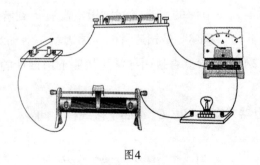

图4

在活动3的基础上，把灯泡换成一个定值电阻，电路图如图5所示，在电阻两端再接入一个电压表，接着完成活动4：利用滑动变阻器改变电阻两端的电压。

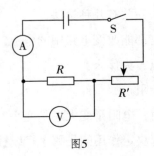

图5

问题1：当定值电阻R两端的电压逐渐变大时，滑动变阻器两端的电压怎么变？它连入电路的阻值怎么变？

问题2：滑动变阻器为什么能够改变电阻两端的电压？它实质扮演的角色是什么？

这两个问题，引发学生持续思考和理解变阻器串联分压的问题，只有增大电阻才能分担更大的电压。

对于活动5，可以设置以下两个问题：

问题1：当R由5 Ω换成10 Ω时，电压表的示数变不变？变大还是变小？说明什么？

问题2：若要保持R两端的电压不变，滑动变阻器的滑片应怎样调节？

如果理解了变阻器的分压作用，这两个问题也就不难回答了。一线教师都明白，这两个作用的探究，是在为下一章"欧姆定律"第一节《电流与电压和电阻的关系》打下坚实的基础。若是在这个环节上没有处理好的话，《电流与电压和电阻的关系》这个实验教学就困难了，学生就会出现不会做或反复错的现象。

（三）问题引领，让学习走向深度

崔允漷教授说过："一个学科的核心素养就像一栋大楼，我们原来都是按照知识点教学的，一扇门教一下，一扇窗教一下，水泥教一下，钢筋教一下，这样的教跟整栋大楼难以建立关联。这是基于知识点教学的缺陷，现在要改成单元学习设计，单元就是一间房子，既有窗又有门，将门、窗、水泥、钢筋等结构化，就变成一个单元。当我们在设计一个单元的时候，更容易看到价值观念，这就是指向核心素养的课程发展给我们带来的一个变化。"

落实核心素养的教学，不是把教学内容碎片化地当作知识点来处理，而是将知识结构化，有机地组织在一起，通过比较大的主题或项目，以解决问题的任务来驱动。引导学生在参与问题解决的实践中，提升能力，发展素养。以解决问题为中心，建立较大的主题或项目进行单元重构，实际上是为学生打开了一条学习链。

复习阶段，滑动变阻器问题就可以单独作为一个学习项目，通过问题引领学生深入理解滑动变阻器的作用，提升思维品质，真正实现从知识到能力的迁移。

问题1：请对照图6、图7、图8所示的三种电路，说一下滑动变阻器在三种不同电路中的作用有哪些相同点？有哪些不同点？

设计意图：这是典型的滑动变阻器类动态电路问题，是电学部分的重点，也是学生进行深入学习的障碍。将三种不同典型电路整合在一起，设计有效问题，引领学生辨析异同点，这样更有利于引导学生深入理解滑动变阻器的作用。滑动变阻器并不是无所不能，它只影响所在支路电流和干路电流，而不影响其他支路，不影响电源电压。

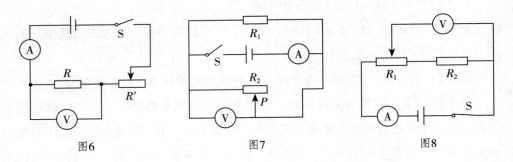

图6   图7   图8

问题2：请对照图6分析：在探究"电流与电阻的关系"的实验中，电阻R由小变大，电压表的示数怎么变化？滑动变阻器滑片应该怎样移动才能控制电压表的示数不变？有没有规律？

设计意图：对于滑片为什么向左或向右移动的问题，受传统"灌输式"教学思想的影响，很多学生是靠死记硬背"蒙"答案，出错率特别高。增加最后一问，引导学生运用串联分压策略进行探究，从怎么调节上升到规律的总结，"换大调大，换小调小"，从机械记忆知识到总结提炼规律，理解滑动变阻器的作用，思维进阶，降低此类问题的出错率。

问题3：请对照图6分析：在"探究电流与电阻的关系"的实验中，若电源两端电压保持6 V不变，定值电阻R的阻值分别为5 Ω、10 Ω和20 Ω，电压表示数保持2 V不变。为完成实验，应选取哪个规格的滑动变阻器？选取的依据是什么？

A. 10 Ω，2 A   B. 50 Ω，0.3 A

C. 50 Ω，1 A   D. 100 Ω，1 A

设计意图：滑动变阻器规格选取问题，是学生的一个学习难点，大部分学生做这类题主要是靠"蒙"。增加最后一问，有效引导学生认识"滑动变阻器规格选取问题，实质还是串联分压问题"。学生在问题2中已经形成了解决问题的策略，这一问就可以轻松解决了。

问题4：将标有"2 V 4 Ω"字样的小灯泡R_1（灯丝电阻不变）和标有"20 Ω 1 A"字样的滑动变阻器R_2连接在如图9所示的电路图中，其中电源两端电压恒为4.5 V，电流表量程为0～0.6 A，电压表量程为0～3 V。闭合开关，为保证电路安全，在移动滑动变阻器滑片的过程中，请思考回答下列问题：

（1）电路中电流最大值是多少？

（2）电路中什么情况下电流最小？

（3）如何求R_2的最大值和最小值？

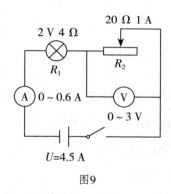

图9

设计意图：学生学习滑动变阻器有个认识误区，以为滑动变阻器无所不能，滑片可以随意滑动到最大端、最小端。创设这样一个问题情境，旨在让学生更深刻地认识到滑动变阻器的滑片的调节有时候是受电压表、电流表和电路中的用电器限制的。尤其是当电压表并联在滑动变阻器两端的时候，滑片既不能移到最小端，也不能移到最大端。三个问题，由浅入深，引领学生走出"滑动变阻器无所不能"的理解误区。

通过有效问题的引领的教学设计，有利于学生形成物理观念，构建知识结构，既符合"双减"的要求，实现减负增效提质，又可以确保科学思维能力的培养和核心素养的提升。

（完成时间：2022年2月）

教学方法

育好一片林

——复习漫谈

如果说平时教学像"栽活一棵树",总复习就似"育好一片林"。"栽活一棵树"容易,"育好一片林"却非易事。复习课讲不好就像是流水账,上不好就像是一盘散沙,即使我们的复习时间再充裕,也不能达到良好的复习效果。那怎么办?这就需要我们好好研究复习课该怎么上。要上好一节复习课,我们需要注意以下几方面的问题:

首先,要上好一节复习课,作为教师必须认真备好课,对知识进行综合,扩大课堂容量。这里所谓的备课,不是指狭义的写教案。而是指教师要建立"板块意识",通过比较、提炼,对重要知识在综合的基础上进行"压缩",把精华的东西集中到课堂上来,让课堂物超所值。复习课的"应试性"必须突出。复习的目的是为了考试,这是不容置疑的前提。如果忽略了这个前提,复习课就很容易让学生迷失方向,或者因过于"宽泛"失去针对性而导致课堂效率低下。因此,教师在备课时,必须在研究试卷的基础上把握好考点,由于复习时间有限,因此课堂上要不枝不蔓,必要时直奔主题,在考点上下功夫。

其次,教师还要抓好课前诊断与终结性的反馈。所谓课前诊断,就是在导入新课时要对上一节课复习的内容要点进行简短的提问,一方面与本节复习内容形成知识链,提供背景材料,另一方面也是防止学生遗忘的有效措施,避免学生上节课复习完后,在课外对课堂上复习的知识不闻不问,课前诊断能保证学生至少在本节课上课前几分钟能够迅速地回顾一下相关的知识；终结性的反馈最好是针对该堂内容的练习题，落实到书面上，教师尽可能多地了解学生的掌握情况，做到"堂堂清"，以便能让学生及时地弥补缺漏。

同时在复习的课堂上，教师要精讲巧练，当好"主持人"，将课堂定位在学生的"学"上。精讲不等于少讲，巧练不同于多练。教师在科学设计好复习步骤的同时，也要讲究复习课堂的动态生成，学会倾听，善于抓住细节，适时、适度地解决学生的困惑，不断发现学生练习中的问题，该讲的时候要讲透，不该讲的时候，多说一句就是浪费时间。

另外，教师在课堂上还要做一些必要的应试技巧方面的指导。考试，除了需要一个好的复习过程外，应试技巧也不容忽视。常见的情况是，很多教师到了复习结束、考试的前一两天时才匆匆地将应试的秘诀倾囊相授，殊不知，这种"填鸭式"的速成法并不奏效。因此，需要教师结合复习内容，在适当的"情境"中，经常性地向学生传授一些应试的技巧，细水长流，这样才能让学生内化于心，诉诸于行。

上好一节复习课真的不是一件容易的事。这需要我们静下心来细心地揣摩。温故而知新。只有上好了复习课，让学生把知识整理成了一个系统，所有的知识点才能形成一片知识之林，学生才能在这片林中轻车熟路，游刃有余。

（完成时间：2008年3月）

三大"法宝"，搞定初中物理入门教学

物理难学，似乎是大家公认的事实。甚至于一提物理，就"谈虎色变"。在当前实施新课程的背景下，如何使物理由"难学"变为"易学"，使学生由"苦学"变为"乐学"，是广大物理教育工作者亟待研究解决的课题，是每位初中物理教师必须思考并解决的问题。我从教多年，深深体会到这主要是与八年级的物理课入门教学没有搞好有直接关系。下面谈一谈我在实际教学中的几点看法和做法，不当之处还请各位同仁批评指正。

好的开端是成功的一半，这个道理大家都懂，但如何开好这个"端"，却是值得我们认真研究的一个话题。我在自己的实际教学实践中注重从"兴趣""方法"和"习惯"三个方面入手，从序言课开始就三"管"齐下，不到半年时间就收到了意想不到的好效果。

一、第一法宝"兴趣"

物理是以实验为主的自然学科，学习兴趣的培养自然是从实验着手。受应试教育的影响，好多教师只做考试可能考到的实验，考试不考的实验基本不做。这样学物理和学数学基本一样了，只是听课做题而已。兴趣的培养也就无从谈起。

（一）重视"第一印象"

有的老师认为序言课上的内容考试不考，所以序言课根本不上，上也是简单做个实验应付一下而已。这些老师没有考虑到学生上第一堂物理课的那份好奇与期待心情，给学生的第一感受就很平常，更谈不上什么兴趣。我非常重视"第一印象"的作用。序言课上的实验我都是认真准备，除了课本上规定做的实验外，我一般还会再增加几个更有趣的实验，如"量筒中上升的试管""天女散花""瓶吞鸡蛋"等实验，而且也模仿着魔术师那样先故弄玄虚一番，让学生先猜想，再让他们看实验现象。当学生看到与自己的猜想恰好相反的实验现象，学生那个兴奋劲儿就甭提了，兴趣自然就提起来了。

（二）重视"第一节学生实验课"

物理教材第一章《机械运动》中的第一个学生实验课"测小车的平均速度"，一定要做而且一定要去实验室做，学生对物理实验室充满了期待和好奇，第一次看到实验中用的小车，跟自己小时候玩的玩具车相差甚远，更是乐坏了。手里摆弄着停表、小车，测量着实验数据，计算着测量结果，这节课自然就可以给他留下很深的印象。

二、第二法宝"方法"

光有兴趣，不会学习，物理的学习是不会坚持到底的。仅仅停留在兴趣的层面，学生只会是看看热闹而已。很多学生，刚开始学习成绩还好，慢慢地就不行了。究其原因就是学习方法上出了问题，而方法的指导恰恰就是教师需要努力去做的。

如何引导学生学习物理概念？在第一章《机械运动》"运动的快慢"一节中"速度"概念的教学就至关重要，速度概念的建立用到了"比值定义法"，而后边"密度、压强、功率"等概念的学习方法是一样的；图像法分析物理问题是物理中经常用到的研究方法，在《机械运动》中就要教会学生运用图像分析匀速直线运动的路程、速度等关系。比如：人教版八年级物理上册《声现象》一章，虽说简单，但融汇了好几个研究问题的方法："用乒乓球放大音叉的振动"中的"间接转化法"，"真空罩实验"中的"理想实验法"，"用尺子探究音调与频率、响度与振幅"的关系中的"控制变量法"。这些方法在后边的学习中都是经常要用到的。如果这些知识基础打好了，后边的学习就轻松多了。再如：什么是演示实验？什么是学生实验？演示实验需要学习哪些内容？学生实验又该解决哪些问题？刚学习物理的学生，是不知道的，他们以为就是看看热闹而已，实验的真正目的是不清楚的。这时候先告诉学生演示实验要注意观察实验现象，准确描述实验现象，认真思考并总结实验结论。学生实验首先要明确：实验原理是什么？需要哪些器材？如何设计实验方案？如何设计实验表格记录实验数据？如何对实验过程进行评估？然后再做实验。这样，实验的目的性大大增强，有助于真正达到实验探究的目的。另如：在《机械运动》一章中，初次接触物理计算题，尤其是这些题在小学数学中接触过，会做但是不符合物理计算题的要求。如何解答物理计算题？自然也是这一章的一个教学重点，一开始学习就灌输物理的严谨求实的学习态度，做到"规范准确"，好多学生现在一提物理印象最深的就是"物理需要严谨"，这说明我的付出达到了效果。

注重方法教学，就会"一石数鸟，事半功倍"。这样就不是停留在"学会"上，而是真正的"会学"，也就会把物理学简单化。

三、第三大法宝"习惯"

物理是一门思维严谨的学科。而八年级的学生正是处于以形象思维进行主观判断的阶段。在进行第一次单元测试成绩分析的时候，好多学生发出了这样的感慨：这些题我都会做呀，为什么没有得分呢？这就是我们常说的"粗心"。实际上，这些"看错了""想错了""写错了"的"粗心"现象，折射出的是学生学习中的一个不良的思维习惯。正是这个不良的思维习惯，足以让一些学生丢掉好几十分呢！

例：小明在"测小车的平均速度"的实验中，设计了如图1所示的实验装置：小车从带刻度（分度值为1 dm）的斜面顶端由静止下滑，图中的圆圈是小车到达A、B、C三处时电子表的显示（数字分别表示"小时：分：秒"）。

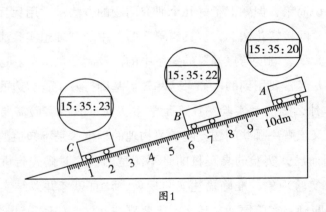

图1

（1）该实验是根据公式_____进行速度计算的。

（2）实验中为了方便计时，应使斜面的坡度较_____（选填"大"或"小"）。

（3）请根据图中信息回答：s_{AB}=_____cm；t_{BC}=_____s；v_{AB}=_____m/s；v_{BC}=_____m/s。

其中，第三问四个空，有相当一部分学生只对了第二个空，其他三个都错了。刻度尺上给出的单位是dm，好多学生不加思考就写上了4。为什么错？一是忘记估读，二是忘记换算单位。在第三、四个空，又要进行一次单位换算，可是学生又没有看清要求。

仔细分析这个不良的思维习惯的养成来自两个原因：平时不良的做题习惯引起；忙于突击作业，做题时精力不集中，导致审题不仔细。

（完成时间：2009年9月）

如何突破"运用电压表进行电路故障检修"这一教学难点

电压表学完后，就可以讲"如何运用导线、电流表、电压表进行电路故障检修"了，但从往年教的效果看，情况并不理想。学生在做这类题时，感觉很头疼。如何解决这一难题，自然成了今年教学中重点解决的问题。

"纸上谈兵终觉浅"。练一百次这样类型的题不如让学生亲自动手做一遍实验。在做"探究串并联电路的电压特点"之前，先让学生亲自做了一个电路故障检修的实验。如下：

实验题目：

例1：如图1所示，闭合开关S后，电流表几乎无示数，电压表示数近似等于电源电压，此时可能（　　　）

A. L_2短路　　　　B. L_2灯丝断　　　　C. L_1短路　　　　D. L_1灯丝断

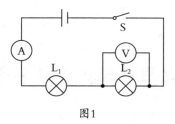

图1

第一步，引导学生运用做选择题常用的"排除法"，先根据"电流表几乎没有示数"这个条件，确定电路肯定是断路，排除A、C两个选项答案，降低了选择难度，然后再在B、D项中进行选择，有了实验基础，自然选择就不是难事了。

第二步，紧跟上几道这样类型的题进行强化训练。

例2：如图2所示，闭合开关S，电路正常工作。过了一段时间，灯泡L熄灭，两只电表示数都变大。则下列判断正确的是（　　）

A. 电阻R断路　　　　B. 电阻R短路　　　　C. 灯泡L短路　　　　D. 灯泡L断路

例3：如图3所示，电源电压保持不变，开关S闭合后，灯L₁和L₂都正常发光，一段时间后，一盏灯突然熄灭，而电压表和电流表示数都不变，则故障原因可能是（　　）

A. 灯L₁短路　　　　B. 灯L₂短路　　　　C. 灯L₁开路　　　　D. 灯L₂开路

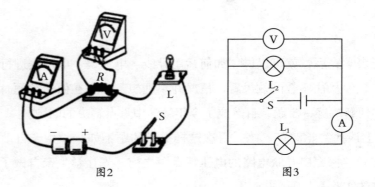

图2　　　　　　　　　　　　图3

运用电压表进行电路故障检修，自然就迎刃而解。从课堂上的学生练习的情况看，效果不错。

（完成时间：2009年10月）

如何搞好家用电器类电功率专题的复习

家用电器类电功率计算是电功率部分计算题中的一大类题型，将它确立为一个专题进行复习，很有必要。本人认为搞好这个专题的复习，需要做好

以下几点:

一、依据学情,确立明确的专题复习目标

家用电器类专题的复习目标是引导学生学会识别家用电器的高、中、低三个挡位,会灵活计算三个挡位的功率。费老师这节课的目标还是很明确的。看得出课前做了精心的准备。

二、巧妙设计活动,消除思维障碍

作为教师,一定要明晰学生在这一类问题上的思维障碍到底在哪里?

(1)大部分学生不会做这一类题的主要原因是在"挡位的识别"一关就卡住了,后边的计算更无从谈起了。

(2)如何求解三个挡位的电功率?选用什么公式?部分学生在公式的选择上也会感到困难。

针对学生存在的思维障碍,采用什么方法来解决这一问题?如何设计这一教学环节更易被学生接受?这是本节课最需要教师下功夫的地方,也是本节课的一个亮点所在。

费老师是用"一道习题"引入的。题目是这样的:如图1所示电路中 $R_1 > R_2$,电源电压相同且恒定。四个电路总功率 $P_甲$、$P_乙$、$P_丙$、$P_丁$ 由大到小的顺序是_____。

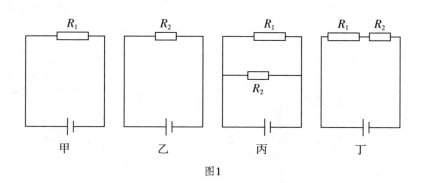

图1

个人认为该设计欠妥当。一是复习本身就是很枯燥的事,题目一呈现出来,学生的第一感觉就是做题,复习的兴趣不够浓厚强烈;二是直接教给学生

现成的东西，不利于思维能力的培养。这是新课改理念所不倡导的。

建议这样设计：下面请同学们来当一个小小的设计师，帮我解决两个问题。

问题情境1： 如图2所示，将一个阻值为R_1的电热丝接在电压为U的电源两端，它消耗的电功率为_____，产生的热功率为_____。

问题情境2： 如图3所示，若给你两个不同的电热丝，你能连接出几种不同电路？为什么？

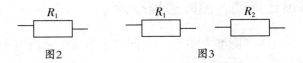

图2   图3

设置这样两个问题情境，引导学生讨论分析设计，这样学生的学习兴趣就有了，思维就活跃了，各种各样的合理的、不合理的想法就都出现了，学生学习中的漏洞也在争论中暴露出来了，思维在争论中得到了有效的碰撞。新课改下，教师应该跟着学生的问题走，跟着学生的需求走。而不是硬把知识灌输给学生。新的课堂就是一个暴露困惑、解决困惑、思维不断碰撞的课堂。学生经过自己的思考、同伴的互助、教师的点拨，能够顺利地设计出常见的几种电路，这时教师再加上一句激励的话语"同学们真棒，都会设计家用电器的电路了"。学生听了这句话会很有成就感。原来家用电器的电路如此简单。"复杂的问题简单化"就是我们教学的初衷。在这个基础上教师再出示一些家用电器的电路图（图4），引导学生进行识别，开阔学生的思路，对"挡位识别"问题进行强化训练。

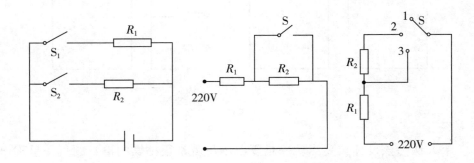

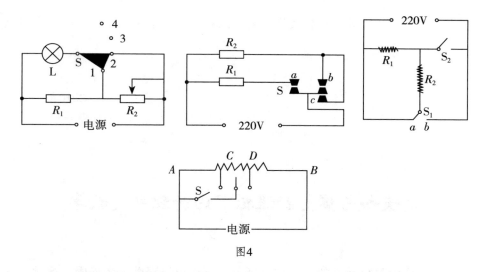

图4

三、精心设计习题，确保训练实效

1. 消除"情境障碍"

多涉及一些家用电器，费老师这一方面做得很好。专题中有电暖器、电吹风、电饭锅、电热水器、电热水壶等，几乎囊括了大部分家用电器。学生在做题中会发现虽然家用电器不同，但基本的解题思路是相同的，引导学生排除不同情境的干扰。

2. 交给学生解决问题的钥匙

在学生做题中，引导学生明确：挡位变，什么不变？这样，学生就会认准此类题一定要用 $P = U^2/R$ 来解决，就不会乱用公式进行求解了。

3. 练"透"，确保训练实效

学生不会的原因，除了理解不到位外，还有一个重要的原因就是训练不到位。题不是没做，而是"蜻蜓点水式"的训练。本节课费老师设置的题目容量还是足够的。这样，能够兼顾到各个不同层面的学生。现在还有很多教师在课堂上规定学生做几道题，这种"一刀切"的做法是不利于分层教学的。一般学生做2道，好学生可能做4～6道。为啥不满足这些学生的需要呢？

4. 先练后教，开放思维，提升能力

费老师在这个问题的处理上，教师的角色定位很好，没有急于去讲题，而是敢于放手。这里边的大部分题，有了前边"挡位识别"的铺垫训练，大部分是学生自己可以解决的。作为教师需要做的就是巡视学生的做题情况，实时点拨一下就可以了。

（完成时间：2010年10月）

浅谈如何搞好新课标下的物理习题教学

习题课作为学科教学的一个重要环节，不仅可以帮助学生巩固、活化、深化所学知识，而且高效的习题教学在培养学生思维品质、提高学生分析问题的能力、教师了解教学效果等方面都有不可替代的作用。教学中，经常看到一些教师，工作很认真，课讲得也不错，可就是习题教学这个环节处理得不得法，导致教学效率低下，教学成绩上不去。该让学生练哪些题、什么时间练、练到什么程度，根本不考虑或考虑得比较少。结果是学生对基本概念、规律、公式有所理解，但让学生直接运用它们去分析、解决问题还有不小的难度，"理解"与"运用"脱节，即多数学生受能力限制还不能够做到"活学活用"。如何把握好习题课教学的时机、有效性，引导学生灵活运用学到的理论知识去解决生活、生产中的实际问题，是目前课堂教学中急需要解决的问题。我从教多年，一直潜心于物理习题教学的研究，并在自己的实际教学中不断尝试，收到了很好的教学效果，学生的学习成绩突出。在这里和同仁谈谈自己的一些拙见，不当之处还请赐教。

一、物理习题教学的重要性

（一）物理习题能帮助学生巩固、深化物理概念、规律

物理学科的教学存在学生看懂、听懂容易，而做题难的现状，而一定量的物理习题教学可以使学生对概念、规律的理解更为透彻、全面，并且可以得到加深和拓展。

虽然学生在新授课上初步掌握了所学的概念和规律，但是在理解上往往只是表面的、片面的、孤立的。只有通过对适当的具体物理习题的解答才能从不同侧面、不同角度完善对概念、规律的理解，才能巩固与深化所学概念、规律。

例如：学习重力时，学生都知道重力的方向都是竖直向下的，但在实际画图时却经常画错。

例：画出如图1所示斜面上正在向下滚动的小球所受重力的示意图。

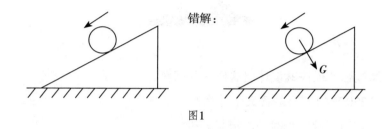

错解：

图1

这时若配上适当的练习效果就大不一样了。

（二）物理习题可以培养学生解决实际问题的能力

物理练习是学生运用理论知识解决实际问题的起点，物理定律和公式是用物理量的符号表示的函数关系，学生在做物理练习时，要将学过的物理定律、公式应用到个别的具体情况中，这样就很自然地建立了理论与实际的联系。如果习题的题材取自于学生所熟知的生活、生产、交通等实践体难，那么这种联系就更加明显了。在解题的过程中，通过教师的积极引导和学生的独立钻研与总结，可以逐步培养学生分析、处理、解决问题的能力。

（三）物理习题是教与学效果反馈的主渠道

靠课堂上的"察言观色"和简单的提问，远不能全面了解学生对概念、规律的掌握情况。教师需要通过查看学生完成习题的情况来捕捉教学信息，准确地抓住教学中问题的症结，对症下药，及时采取有效措施，进行教学补救，以便为下一步教学活动铺平道路。

二、物理习题教学的现状及对策

（一）例题教学的"切入点"把握不到位

电功率计算是电学部分的一个重点，这部分容易出现的问题是题目讲了不少，但学生还是不会做题。我设计了这样一道例题：

如图2所示，一个"220 V 40 W"的灯泡，根据上面所给的信息可以设计出多少问题？（可以自己加上一个条件）比比看，看谁设计的问题多。

图2

学生经过思考很快就设计出这样一些问题：

（1）"220 V 40 W"的含义是什么？

（2）该灯泡正常发光时的电流是多少？

（3）该灯泡正常发光时的电阻是多少？

（4）该灯泡正常发光1小时消耗的电能是多少？

（5）1千瓦时的电能可以使该灯泡正常发光几小时？

……

（该环节的主要目的是复习电能、电功率两个重要的物理量及其计算公式）

接着，教师提出问题：若把"220 V 40 W"的灯泡接到110 V的电路中，那么该灯泡的实际功率是多少？引导学生自主讨论解答。

设计意图：该环节主要目的是由"额定功率"转求"实际功率"，教师主要引导学生找出解决问题的突破口。

然后，再出示两个问题：

（1）若把"220 V 40 W"和一个"220 V 25 W"的灯泡并联在电路中，哪个亮些？

（2）若把"220 V 40 W"和一个"220 V 25 W"的灯泡串联在电路中，哪个亮些？

对于第一个问题学生根据生活经验能够回答上来，可是对于第二个问题，学生就很难回答了。这时就可以借助实验演示，先让学生感性认识40 W的灯泡不是任何情况下都比25 W的亮，再引导学生分组讨论求解。

设计意图：该环节主要目的是引导学生理解额定功率和实际功率的含义，学会两个公式$P=I^2R$和$P=U^2/R$的灵活运用。

教师所选例题应具有针对性、典型性和灵活性。既针对教学的重点、难点和考点，又能起到示范引路、方法指导的作用，还应便于从情境、设问、立意等方面做多种变化，从不同角度使学生对知识与方法有更深的理解。题目若能用实验做出来或与实际联系得比较密切，则尽可能安排实验演示或实际动手操作，以增强直观程度。

在出示题目之后，教师要沉得住气，要给学生足够的时间审题思考，以充分展示学生的思维过程。通过学生回答或板演，教师准确发现了学生在知识理解、方法运用等方面的成绩和不足，要给予必要的肯定和及时矫正。引导学生总结寻找突破口的方法，总结易混易错处，归纳同类习题的共性和与异类习题的联系区别，达到解题时会一类、通一片的目的。然后把题目进行延伸，追求多解多变，来训练学生发散的思维，以利于学生提炼解题技巧，并连锁设问，把思维引向深入。

教师要先下"题海"，将某一单元或某一章节中的重要题型找出来，编成讲义让学生练全每一单元或每一章节中的题型。若对习题不加选择，将泛滥成灾的各种试卷、复习资料原本发给学生，学生就成了解题机器。不少题目学生要重复练习多次，一些偏题、怪题更是让学生伤透脑筋，但结果收效甚微，还严重挫伤了学生的积极性。题海战术，并不是我们素质教育所推崇的，一周三堂物理课，一堂课45分钟，要解决很多的物理知识和习题，靠搞大量的题目解答是无法完成教学任务的。需要对题目优化组合。注重题目的科学性、典型性、针对性和发散性，有效提高训练和讲解效率。在优化习题设计中，同时要注意初中学生的认知特点，设置相应的物理生活情境，典型的问题加上合理的情境，配合一些发散的问题，学生乐意去练习钻研，教师要调动其认知结构，更好地改善课堂沉闷的气氛。下"题海"捞题的过程是比较辛苦的，也是要付出一定代价的，但我觉得这份付出是值得的。这样做，大大节省了学生练题的时间，学生用很少的时间就可以获得较多的信息量，省时高效。

（二）不注意把握习题训练的时机

新授课结束就跟上1节（重点章节2～3节）习题课，如：学习电压表的使用

141

时，好多学生对电压表的电路图的识别很头疼，那么这时就不要急着往下赶进度，讲完电压表的使用后就跟上两节专题训练课，保证让学生练会练熟为止；学完欧姆定律以后，学生对一些动态电路题和一些判断电路故障的题感到棘手，这时不要急于学习电功率，上几节专题训练课，这样做，比全部学完以后再上习题课效果要好很多。用老百姓的话说就是"趁热打铁"嘛！有好多老师在教学时忽视了这个重要的环节，结果出现"夹生饭"现象，对学生来说，不只是"学会"的问题，甚至连学习兴趣都可能没有了。这样的结局是最不好收拾的。"1+2"＞"2+1"，稳扎稳打，步步为营。

（三）题海战术，不注重习题的有效训练

题海战术，事倍功半，一直是被人贬斥的。但好多老师还在机械地重复着"昨天的故事"，讲义发了一张又一张，教辅用了一本又一本，"大海捞针"式的训练，学生苦不堪言。如何控制习题的训练量、难度，真正做到有效训练？我的具体做法是：对于每一单元的重点题型，实施"小专题训练"。一个"小"字意在控制习题的训练量，一个"专"字意在突破教学中的重点、难点。

学生在学习电学时，对于"由于开关的断开与闭合、滑动变阻器的滑片的移动导致电路发生变化"的一类所谓的"动态电路题"感觉比较头疼，而这部分又是学习重点，那么我就把近三年中考试卷有关"动态电路"的所有题目先做一遍，然后按考点精选分类，最后由易到难编制出学生用习题。从搜集习题到做题、选题、编制题目，虽然教师花费了时间却给学生省下了很多时间，"老师的下海是为了学生的上岸"。这样的专题训练总是成为学生的"抢手货"。效果自然就不用说了。

（四）就题论题，不注重解题技巧、解题能力的培养

物理例题的讲解过程就题论题，急于得出问题的答案，忽视了物理情境过程的分析及解题规律的总结，不能达到举一反三、触类旁通的目的。该归类的归类，该一题多解的一题多解，该一题多变的一题多变。

如密度计算的"三不变"（"质量不变""体积不变""密度不变"）归类训练。漂浮问题的"五规律"总结，"极端法""等效法"巧判杠杆平衡等让学生感到有方法可循，真正做到会做题、愿做题。解题能力的培养自然不在话下。

（五）忽视分层训练，眉毛胡子一把抓

很多老师认为自己的教学成绩不好，是因为班里没有尖子生。是真的没有尖子生还是我们的教学中存在什么问题？从自己和别的老师的课堂教学中我深深体会到：我们的课堂教学中在尖子生培养方面还存在着很多的问题。不否认有个别智力超群的孩子，在班里鹤立鸡群。但这样的学生毕竟还是很少的。大部分好学生需要老师来培养。

1. 课堂上训练的"一刀切"现象值得关注

多媒体教学的直观、生动、大容量，确实让我们课堂教学焕发了活力。但也出现了老师过分依赖课件的问题。好多老师喜欢把训练的习题放在课件上，学生做几道题都在老师掌控之中，对好学生来说，一堂课本来可以训练10道题，这"一刀切"可能只练5道题，习题训练的广度、深度不够，长期下去，尖子生也就不尖了。

2. 作业布置上的"一刀切"，导致习题训练杂乱、过量

很多老师为了省事，给所有学生都布置同样的作业。这些作业对尖子生来说课堂上已经基本掌握了，课下只是起到了一个巩固的作用，有些甚至是一些重复性的练习。这样的作业对好学生来说是乏味的，不做吧怕老师批评，做吧又浪费时间。作业没有挑战性，没有思维能力的培养。学生的思路打不开，能力如何提升？在复习力学部分的时候，为了提升学生综合分析问题的能力，我有针对性地编写了几张专题训练的讲义，因为有难度，所以把它作为选做作业发给了学生，一说选做，中下水平的学生没有恐惧感，水平高一些的学生却异常兴奋，抢着要讲义，做完还想要呢。一个学生说："老师你编的讲义太好了，我爸都帮我给保存着呢。"

（六）习题教学形式单一，课堂缺乏活力

物理习题教学的课堂形式应体现以学生为主体，以自主分析探究为主线。新课程强调学生的主体意识，重视培养学生的自主探究能力，因此在习题教学中，教师需要为学生创设一个生动、活泼、民主和谐的学习氛围，通过教师与学生、学生与学生间的交流与信息沟通，达到巩固知识，发展独立分析解决问题能力的目的。

习题课教学知识密度大、题型多，学生很容易疲劳，如果教学组织形式

单一，就会使学生感到枯燥、乏味，这样很容易让学生失去兴趣，甚至丧失学习积极性。传统形式的习题课上，老师讲学生听是我们老师最常用的一种老套的教学方法。它要求我们老师和学生训练众多的题目，学生成为训练题目的机器和老师的听众，老师则是台上孤独的表演者，更谈不上师生交流，生生交流了。老师获得不了学生关于知识的反馈，自然无法通过习题的讲解调控课堂的节奏。物理习题课堂就是死水一潭，只是成了公式的简单堆砌，枯燥无味。学生成了记录和摘抄的机器，物理课堂失去了它本身的灵气与美感。为了改变这一现象，在习题课教学中一定要体现出"教师的教"与"学生的学"的双向活动，将讲、练、思三者有机结合起来。根据我的经验，可以采取"疑点启发、重点讲授、难点讨论"的方式创造条件让学生多动口、多动手、多动脑，通过"兵教兵、兵练兵、兵强兵"的策略，做到人人参与，全员发动。教师则应及时整理学生习题中出现的范例和错例，并反馈给学生。例如：解题中的简捷思路、方法和技巧，笔答题逻辑的严密条理，通过讲评介绍给其他学生，有利于推广交流，启迪思维。使学生明确解任何题目，把握必要的知识是基础，间接新奇的解题思路、方法和技巧不容忽视，从而调动学生学习的积极性，通过对错例的分析讲解，引导学生积极思考，理解为什么会出错，从而对症下药。对错误严重的，还可以进行面批、面改，给予个别辅导，便于因材施教。

（完成时间：2012年6月）

巧用"错题本"，提高练习有效性

"错题研究"越来越受到老师们的高度重视。它是提高课堂效率、创建有效课堂的基本途径，它可以促进教师专业成长，使教师能更准确地把握教材、更有效地使用教材，提升教学的针对性。指导学生进行错题积累，能更好地锻炼学生思维，培养学生的反思习惯。下面谈谈我的一些做法和体会。

一、教师建立"错题本"，记录学生困惑，反思教学症结

教学中，大部分老师都会有这样的体会：许多题目讲过了、做过了、考过了，有的还不只考过一遍，最终学生还是做错了，只好一味地埋怨学生"笨"。殊不知这些错题的背后，往往隐藏了教学过程中所产生的漏洞。那么如何弥补这些漏洞呢？整理错题本不失为一计良策。在错题本上，教师可以总结归纳不同学生出现的不同错误或错误的不同类型，分析出错的原因。以前，我都会将用过的讲义、练习册随手一扔，现在，我将它们视为"宝贝"一样地收藏起来，每周将学生易错的题剪下来，整理在错题本上，同时还复印成讲义给学生重新做；有时会带着本周内学生的错题档案，上一节"错题反思课"，这样的反馈对提高学生的成绩起到了很好的作用。尤其是对那些接受能力慢的同学，这种"再射一箭"的措施非常有效。变反思错题为弄懂错题，吃透知识，牢固掌握课堂内容。实践证明，教师建立学生错题本，及时掌握学生学习中的不懂之处对症下药，在薄弱处重锤敲打，对学生学情的把握会更到位，对课堂的驾驭会更自如有效，教学质量也会随之提高。这样做既避免了题海战术，节省了时间，又提高了教学和学习效率。

二、指导学生建立"错题本"，养成"反思""积累"好习惯

学生学习过程中出错是很正常的。出错本身并不可怕，错误恰恰反映了一个学生在知识理解或运用上存在的问题和不足。可怕的是出错后不能及时认识到错误、改正错误，以后可能再犯类似的错误。因此，为了避免同类错误的再次出现，我认为学生建立个人的错题档案是非常必要而且行之有效的方法。

（一）让学生认识到错题本的重要性

错误也是财富。只有发现错误才能知道自己的不足。过去学生做错题以后，在作业、试卷上订正了事，时间长了就淡漠了，如果作业本、试卷丢了，更是无从查看，学生心中无数，老师心中也无数，后来的复习补救就没有了依据。结果是这次考试犯了一个错误，下次考试是原封不动的又来一遍。如果学生对自己考试所犯的错误有一个清晰记忆的话，那对每个学生而言，都将是受益匪浅。

使用错题本，将各种情况下的错题都按本来面目集中到错题本上，这就等于建立了台账，师生复习都有准确的依据。只有重视对错题的积累，学生才会对错误的和正确的解题方法有更深的理解。同时也可以加深对知识的理解与内化，从而降低再次出错的概率。而学生的内在的知识系统也会随着错题档案的增加更加完善，更加严密，以后考试中类似的错误也会逐渐减少，成绩会逐渐提高，错题档案中的内容也会越来越少，越来越精。

（二）指导学生建好错题本

（1）把做错的原题在错题本上原原本本地抄一遍，太浪费时间，我指导学生直接将错题剪下来贴在错题本上，要求在错题下面留有一块空白，用来分析出现错误的原因，明确是审题失误，还是思维方法错误、知识错误、运算错误，这是建立错题本最为关键的环节，同时纠错。

（2）定期归类、整理。每次复习结束之前，教师都应要求学生把解题过程中所犯错误进行归类整理，把它们分成知识型错误、思维方法型错误、运算错误等几部分。这个过程是学生再学习、再认识、再总结、再提高的过程，可以使学生对知识的理解更加深刻，从而对知识的理解掌握更加牢固。

（三）指导学生如何用好错题本

（1）经常阅读。之所以出错，大多是因为知识点掌握不扎实，所以对待错误要经常"见面"，就像"1+1=2"的问题，即使是梦中也不会出错。

（2）相互交流。同学间交换"错题本"，互相借鉴，互有启发，在"错题"中淘"金"，以便共同提高。

（3）可以画掉完全弄懂的题，对重复出错的以及还没有弄明白的题做上标记，及时请教老师或同学。长此以往，可以进行二轮、三轮甚至多次的"筛选"，直至这些题目完全掌握。

（4）拓展功能。错题本上也可以记载一些非常典型、考查知识全面、解法灵活多样的优秀习题。

（5）错题本的使用贵在坚持，只有持之以恒才能见效。

就这样，错题本的巧妙运用让我找到了事半功倍的方法。我认为学生将错题重新登记、改正、整理，比用大量的时间做大量的习题效果要好，会做的题永远会做，不会做的如果不整理改正，或者只是就题论题，不进行深层次的思考的话，以后遇到这类题还是不会做。

（完成时间：2012年7月）

一题多"联"，一题多"变"电学相近实验
综合专题高效复习

——电学实验专题复习设计

一、复习目标导航

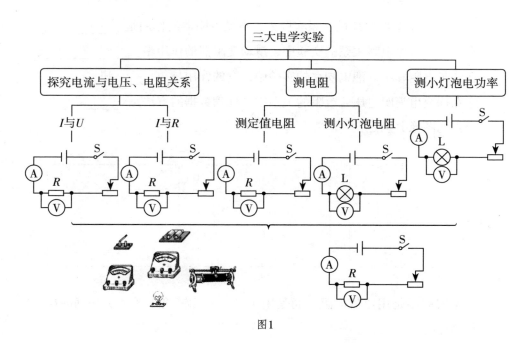

图1

二、分组讨论，回答

（1）这几个实验，有哪些相同点？（提示：就实验电路图、实验器材、实

验步骤、测量的物理量等方面进行回答）

（2）就下列问题总结归纳这几个实验的不同点：

① 探究导体中的电流和电压、电阻关系的实验方法是_____。测量定值电阻、小灯泡电阻的原理是_____；测量小灯泡电功率的实验原理是_____。

② 在这三个实验中，哪个是探究实验? _____。它在实验中多次测量数据的目的是_____。

在测量定值电阻的实验中，多次测量数据的目的是_____。

在测量小灯泡的电阻和电功率的实验中，能不能对测量的数据计算平均值? _____。

因为：_____。

所以，在探究电流与电压、电阻关系的实验中不建议用小灯泡。灯泡的亮度由_____来决定。

③ 在探究电流跟电压的关系实验中，滑动变阻器的作用是_____；

在探究电流跟电阻关系的实验中，滑动变阻器的作用是_____；

在测量电阻和小灯泡电功率的实验中，它的作用是_____和_____。

④ 在探究电流跟电压、电阻的关系中，处理数据的方法是_____。

得到的图像分别是：

如果实验不是用定值电阻，而是用小灯泡，（链接中考三）得到的$I-U$图像又是怎样的?

三、一题多"联"、多"变"

在测定"小灯泡电功率"的实验课上，小刚组测量的小灯泡额定电压为2.5

V、电阻约为10 Ω。他们所设计的实验电路如图2所示。所提供的器材有：电流表、电压表、电源（电压恒为6 V）各一个、开关两个，滑动变阻器（"10 Ω，2 A""50 Ω，1 A"）两个，导线若干。

（1）在连接电路时，开关应处于_____状态，电流表的量程应选0～_____A。小明同学选用的滑动变阻器的规格为_____。

（2）请你用笔画线代替导线，按照电路图2将实物图3中电路补充完整。要求：滑动变阻器的滑片向左端滑动时，电压表的示数变大。（导线不能交叉）

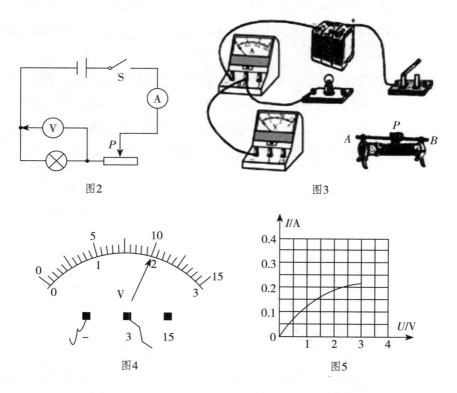

图2   图3

图4   图5

（3）正确连接实验电路后，开关试触时，发现灯泡不亮，电流表无示数，电压表有示数。其故障原因可能是_____；另一组同学连接好电路，在闭合开关时发现小灯泡比正常工作时亮，这说明他在闭合开关前没有_____。

（4）小刚同学闭合开关，移动滑片P到某一点时，电压表示数（图4）

为_____V，若他想测量小灯泡的额定功率，应将图3中滑片P向_____（选填"A"或"B"）端移动，使电压表的示数为2.5 V。

（5）小刚同学移动滑片P，记下多组对应的电压表和电流表的示数，并绘制成如图5所示的I−U图像，根据图像信息，可以计算出小灯泡的额定功率是_____W。小灯泡正常发光时的电阻是_____Ω。如图4所示的I−U图像不是直线的原因是_____。该实验中滑动变阻器除了保护电路外，作用还有_____。

（6）小丽组测量的是一只额定电压为3.8 V的小灯泡的额定功率，器材和小刚组的一样，只是电压表的量程只有0～3 V挡可用。请设计电路，并回答：闭合开关，调节滑动变阻器，使电压表的示数达到_____V时，小灯泡恰好正常发光。

（7）小红组发现电流表损坏，他们想设计一个不用电流表测定小灯泡额定功率的实验。于是向老师要了一个阻值为R_0的定值电阻（阻值适当）和一个单刀双掷开关（符号为：——◦／＝），借助原有的实验器材，顺利完成了实验。假如由你来做该实验，要求电路只连接一次，请设计实验方案。

① 在虚线框内画出实验电路图。

② 简述实验步骤。（用相应的字母表示测出的物理量）

③ 写出小灯泡额定功率的表达式$P_{额}$=_____。（用已知量和测量量表示）

（8）小芳组的电压表坏了，于是向老师要了一个阻值为R_0的定值电阻（阻值适当）和一个单刀双掷开关（符号为：——◦／＝），借助原有的实验器材，顺利完成了实验。他们设计的实验电路图如图6所示，测量小灯泡额定功率的主要步骤和需要测量的物理量如下：

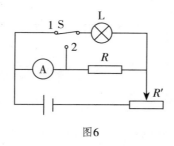

图6

a. 计算当R两端的电压为U_0时，通过它的电流为U_0/R；

b. S掷向接线柱1，调节滑动变阻器，使电流表的示数为U_0/R；

c. 保持滑动变阻器滑片不动，S掷向接线柱2，读出电流表示数I。

本实验中，小灯泡额定功率的表达式$P=$_____。

（9）小强组没用电压表，但多用了一个开关，其他器材与小丽组的相同，也测出了小灯泡的额定功率。如图7所示是小强组设计的电路图，请你帮小强组把实验步骤及测定额定功率的表达式补充完整。

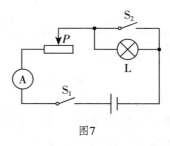

图7

实验步骤：

① 按电路图连接实物；②只闭合开关S_1，移动滑片P，使电流表的示数为_____A；③保持滑片位置不变，再闭合开关，记下电流表示数为I。表达式：$P_{额}=$_____。

（10）如果现在请你利用如下器材（电压未知的电源，量程合适的电压表、最大阻值已知为R_0的滑动变阻器、开关各一个、导线若干），帮助小明组设计一个不用改变电压表位置就能测出电炉丝电阻的电路。请把你设计的实验电路图画在虚线框内（电炉丝的符号用电阻的符号表示）。

请写出连接电路之后主要的实验步骤＿＿＿＿＿＿＿＿＿＿＿＿＿＿＿＿＿。

（11）若想接着探究电流与电压的关系，需要补充的实验器材是＿＿＿＿＿＿＿＿＿。如图8所示中甲、乙是根据实验数据绘制的图像，其中正确表示电阻不变，电流随电压变化的图像是＿＿＿＿＿（填"甲"或"乙"）图。该实验探究运用了＿＿＿＿＿＿法。

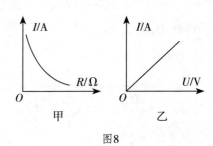

图8

（12）在探究"导体中的电流跟电阻关系的实验"中，小明先将5 Ω的电阻接入电路读出电流I，再换10 Ω的定值电阻读出电流，发现并不等于I的一半，请你分析出现这一现象的原因＿＿＿＿＿＿＿＿＿＿＿＿＿＿＿＿＿＿＿。了解原因后，小明重新进行了实验，实验过程中他控制定值电阻两端的电压恒为2 V，他先用5 Ω的定值电阻进行实验，再换用10 Ω的定值电阻，合上开关后，电压表的示数将＿＿＿＿＿＿2 V（选填"大于""小于"或"等于"）。此时应向＿＿＿＿＿＿（选填"右"或"左"）（参照图2）调节滑片，使电压表的示数仍为2 V。该实验中，若不更换其他器材（"50 Ω，1 A"），为了能够完成实验，更换的电阻阻值不能够大于＿＿＿＿＿＿Ω。

（13）分析图8甲图像，可知＿＿＿＿＿＿＿＿＿＿＿＿。

综合图8中甲、乙图像可得到的结论是＿＿＿＿＿＿＿＿＿＿＿＿。

（14）整理器材时发现滑动变阻器的电阻丝部分比滑杆部分热，（参照图2）原因是＿＿＿＿＿＿＿＿＿＿＿＿＿＿＿＿＿＿＿＿＿＿＿＿＿＿＿。

（完成时间：2012年10月）

"家庭电路故障分析"习题课

一、对故障进行分类，形成体系，课前先下发讲义，要求学生课下完成，暴露解题困惑

故障一：短路类

（1）小明把台灯插头插入插座，当他闭合台灯开关时，室内其他电灯全部熄灭，检查发现保险丝熔断，造成这一故障的原因可能是（　　　）

A. 开关短路　　　B. 插头短路　　　　C. 插座短路　　　　D. 灯座短路

（2）小明刚把台灯插头插入插座，还未闭合台灯开关，室内其他电灯全部熄灭，检查发现保险丝熔断，造成这一故障的原因可能是（　　　）

A. 开关短路　　　　B. 插头短路　　　　C. 插座短路　　　　D. 灯座短路

（3）如图1所示是新安装的照明电路，已知两个并联灯泡的灯头接线存在一处故障。小明学电工的检修方法，在保险丝处接入一个"220 V 40 W"的灯泡。当只闭合开关S、S_1时，L_0和L_1都呈现暗红色；当只闭合开关S、S_2时，L_0正常发光，L_2不发光，由此可以确定（　　　）

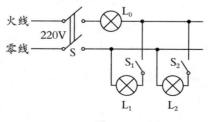

图1

A. L₁灯头断路　　　B. L₁灯头短路　　　C. L₂灯头断路　　　D. L₂灯头短路

（4）灾后重建，小雨家的永久性住房已经建好。在全家搬进去之前，小雨准备检查家里的电路是否有问题，她先断开所有电器和总开关，然后将火线的保险丝取下，换上一个额定电压为220 V的灯泡，闭合总开关，发现灯泡正常发光，由此可以判断（　　）

A. 仅由此不能判断线路是否有问题

B. 线路安装不正确，电路中有断路

C. 线路安装不正确，电路中有短路

D. 线路正确，因为灯泡正常发光

（5）在楼房竣工通电前，电工通常要检查家庭电路安装是否存在故障。在如图2所示的家庭电路（部分）中，取下保险丝，在该处安装"220 V 100 W"的白炽灯L₁，然后将A、B接到220 V的电源上，发现灯L₁正常发光，若此时闭合开关S，则灯L₂（也是"220 V 100 W"）（　　）

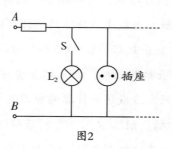

图2

A. 正常发光　　　B. 能发光，但较暗　　　C. 不能发光　　　D. 无法判断

（6）小明家新安装了一盏电灯，当开关闭合时，发现电灯不亮，空气开关跳闸，其原因可能是（　　）

A. 开关接触不良　　　　　　　B. 开关内部短路

C. 灯泡灯丝断了　　　　　　　D. 灯头内部短路

（7）在下列现象中：①插座中的两个线头相碰；②开关中的两个线头相碰；③电路中增加了大功率用电器；④户外输电线绝缘皮破损。可能引起家中保险丝熔断的是（　　）

A. 只有①②　　　B. 只有②③　　　C. 只有②④　　　D. 只有①③

（8）家庭电路中有时会出现这样的现象：本来各用电器都在正常工作，可再将一个手机充电器的插头插入插座时，家里所有的用电器全部停止了工作。关于这种现象以及形成的原因，以下说法正确的是（　　）

A. 可能是这个插座的火线和零线原来就相接触形成了短路

B. 可能是这个用电器的插头与插座没有形成良好接触，仍然是断路状态

C. 可能是插头插入这个插座时，导致火线和零线相接触形成了短路

D. 可能同时工作的用电器过多，导致干路中总电流过大，保险开关跳闸

（9）小刚有一个带有开关、指示灯和多个插座的接线板，如图3所示，每当接线板的插头插入家庭电路中的插座，闭合接线板上的开关时，总出现"跳闸"现象，关于"跳闸"原因和接线板中的电路连接，下列说法正确的是（　　）

图3

A. "跳闸"的原因是接线板中的电路发生了断路

B. "跳闸"的原因是接线板中的电路发生了短路

C. 接线板上的多个插座与指示灯串联

D. 接线板上的开关与指示灯并联

故障二：断路类

（1）小强学习了家庭电路的知识后，回家安装了一盏电灯，闭合开关后发现电灯不亮，他用测电笔检测，图4中的 a、b、c、d、e、f 处均为检测点，根据他的检测结果判断：

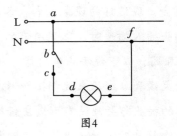

图4

① a、b、c、d、e处测电笔氖管都发光，可能故障是：_____；

② a处测电笔氖管发光，b、c、d、e、f处氖管都不发光，可能故障是：___
_____；

③ a、b处氖管发光，c、d、e、f处氖管不发光，可能故障是：_____
_____；

④ a、b、c、d处氖管发光，e、f处氖管不发光，可能故障是：_____
_____。

（2）某居民家中的部分电路如图5所示。开始电路正常，将电饭煲的插头插入三孔插座后，正在烧水的电热水壶突然停止工作，但是电灯仍然正常工作。拔出电饭煲的插头，电热水壶仍然不能工作。把测电笔分别插入插座的左右插孔，氖管均发光。若电路只有一处故障，则（   ）

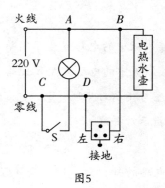

图5

A. 电路的C、D两点间断路

B. 插座左右两孔短路

C. 插座的接地线断路

D. 电热水壶所在支路的B、D两点间断路

（3）小刚家中的几盏电灯突然全部熄灭了，检查保险丝发现并未熔断，用测电笔测试各处电路时，氖管都发光。他对故障做了下列四种判断，其中正确的是（　　）

A. 灯泡全部烧坏　　　　　B. 进户零线断路

C. 室内线路发生短路　　　D. 进户火线断路

（4）"庆六一文艺汇演"时，佛前中学物理组的老师给大家表演了一个"不怕电"的节目。首先王老师将一标有"PZ220—100"的灯泡接到两导线头M、N之间，灯泡正常发光。随后将灯泡取下，王老师站到干燥的木凳上后，左、右手分别抓住M、N两导线头（如图6所示）。李老师用测电笔分别测试M、N及王老师的皮肤，发现测电笔的氖管都发光，而王老师却谈笑自如。对以上现象的解释，你认为正确的是（　　）

火线 M N 零线

（请勿模仿）

图6

A. 王老师有特异功能，确实不怕电

B. 王老师的双手戴着绝缘手套

C. 在人、灯替换之时，有人将零线断开了

D. 在人、灯替换之时，有人将火线断开了

（5）小明晚上做功课，把台灯插头插在书桌边的插座上，闭合台灯开关后，发现台灯不亮。为了找出故障原因，小明把台灯插头插入其他插座，发现台灯能正常发光，用测电笔插入书桌边的插座孔进行检查，发现其中一个孔能使测电笔的氖管发光，其故障原因可能是（　　）

A. 进户线火线上的保险丝被烧断

B.进户线零线断了

C.书桌边的插座与零线断开

D.书桌边的插座与火线断开

故障三：过载类

一天晚上，照明一直正常的居民楼突然停电，经检查是配电盒里的总保险丝熔断了，李叔叔换上跟原来一样规格的保险丝，闭合开关，全楼的灯马上都亮了，可是经过几分钟，保险丝又熔断了。请你分析其中的原因（　　　）

A.一定是电路某处发生了短路

B.可能是电路某处开路

C.可能是电路中新连入了大功率的用电器

D.保险丝不合适，应当换用更粗的保险丝

故障四：安装类

（1）某同学在学习家庭电路时，安装了两盏额定电压均为220 V的完好的白炽灯（甲和乙）和两个插座，如图7所示。如果两个插座均未连入家用电器，将电路中的开关全部闭合，保险丝未熔断，那么各用电器工作的情况是（　　　）

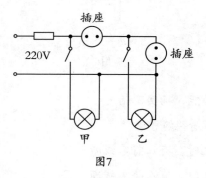

图7

A.甲、乙都正常工作　　　　B.只有乙正常工作

C.甲、乙都未正常工作　　　D.只有甲正常工作

（2）小明买来新的三孔插座，在更换插座时，他发现自己家的老式楼房里没有安装地线。小明认为，零线在户外就已经和大地相连，把图中A孔与B点连接起来，就可以将A孔接地了。如果按小明的说法连接，当C点出现断路时，将

带有金属外壳的用电器接入插座后，带来的安全隐患是（　　　）

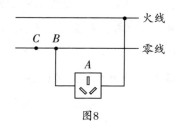

图8

A.用电器开关闭合时，外壳会带电，人接触外壳易触电

B.用电器开关闭合时，会短路，造成电流过大，引起火灾

C.无论用电器开关是否闭合，外壳都会带电，人接触外壳易触电

D.用电器外壳无法接地，当用电器绝缘部分破损或潮湿时，外壳才带电，人接触外壳易触电

（3）下列家庭电路中不符合要求的是（　　　）

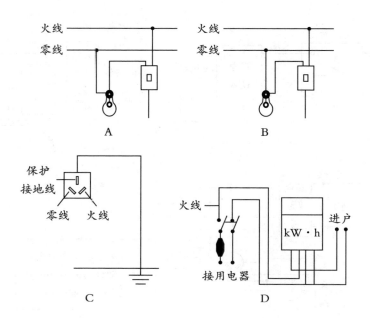

故障五：漏电类

根据安全用电要求，住户家里必须安装漏电保护器，其示意图如图8甲所示，其内部结构相当于一个自动开关S，正常情况下，住户家中没有电流流向地

面，即图中I_3为零，进户线中流入的电流I_1和流出的电流I_2相等，开关S处于闭合状态，如果电路中某处发生漏电（漏电是指电流从墙体、人体、接地线或其他路径流向地面），即图中的I_3不为零，就会造成I_1和I_2不相等，当I_1和I_2的差异达到一定值，开关S就会立即断开。

（1）请在图甲中画出漏电保护器内部的连线图。

（2）如果电路中发生漏电，漏电电流为I_3，则I_1、I_2、I_3大小关系的表达式为_____。

（3）站在地面上的人不小心接触了火线，如图乙所示，该人体的电阻为5000 Ω，此时漏电电流I_3=_____mA，电路中安装了规格为如图丁所示的漏电保护器，该漏电保护器_____（能/不能）及时断开电路。

（4）由于安装人员的疏忽，在安装三孔插座时，将连接零线和地线的孔接反了，如图9丙所示，如果将洗衣机的三脚插头插入该插座，电路一接通，漏电保护器就会断开，试说明其原因。

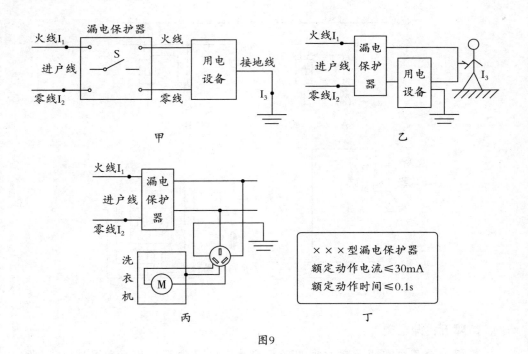

图9

二、分析短路类故障

先引导学生分析：造成电路中电流过大的原因是什么？然后引导学生结合做过的故障一：短路类习题，分析造成短路的原因有哪些？插头\灯座\灯头\插座\插排（接线板）等，接着问：电路中出现短路的征兆是什么？（空气开关跳闸或保险丝熔断）引导学生注意当题目中出现这个条件的时候多数情况下就是短路类。然后根据题意进行原因排查就知道了。像第8题，一个手机充电器的功率是很小的，所以造成短路的原因应该排除"用电器总功率过大"。然后再进行选择。

检修方法：在火线接保险丝的地方接上一个灯泡，观察灯泡的亮度就可以，如果灯泡正常发光就说明电路出现了短路。

三、分析断路类故障

当电路中出现断路的征兆时，灯泡不亮或用电器不工作，用试电笔测试发现插座接零线的插孔也发光，灯泡接零线的一侧也发光，就可以断定：进户零线断路。

四、以故障五为例，分析漏电保护器和空气开关的作用

空气开关的作用：

（1）当负载的额定电流大于空气开关的电流值时，空气开关跳闸，防止事故的发生。

（2）当负载电路中发生短路时，空气开关跳闸，防止火灾发生。

漏电保护器的作用：

（1）当电路中发生漏电时，漏电保护器会跳闸，保护人的生命安全。

（2）当电路中不存在漏电时，和空气开关作用一样。

（完成时间：2013年11月）

搞好"微专题"训练，提升训练有效性

物理学科是大部分学生感到比较难学的一门学科。难学的原因之一就是：这门学科注重的是"理解和应用"，光靠死记硬背是行不通的。我凭借多年的教学经验发现：学生物理学习不好的原因除了知识"理解不到位"外，还有一个主要的、容易被大家忽视的原因就是"练不到位"。因此，习题教学是整个教学环节中很重要的一个环节。习题训练是否得当直接影响到教学的效率和质量。目前，大部分老师把精力主要用在如何讲好一节课上，在习题教学方面下的功夫还是比较少，习惯于用现成的教辅资料。训练的质量没有很好的把关，结果大量的低效的训练给学生造成了很大的负担，作业量大，重复作业多，学生苦不堪言。我在习题教学中做了大量的尝试，发现针对某个教学重点或难点设计的"微专题"训练，题目"少而精"，学生非常喜欢，学习成绩在年级中也是遥遥领先。可见，重视与改进习题教学是目前物理教学中亟须解决的一个重大难题。下面我就在物理习题教学中如何提升训练的有效性，谈谈我的一些具体做法。

一、确立训练的"微专题"

在实际教学中，大多数老师懒于对习题进行归类，发放成套讲义，导致的结果是"眉毛胡子一把抓"。学生的训练是盲目的，往往是习题做了一大摞，却不知道自己做了些什么。重点问题训练了，却感觉是蜻蜓点水，练不到位；题目做错了，却不知道错在哪里。尤其是计算题，一般放在讲义的最后边，有时作业一多，后边的计算题就不做了或胡乱做一下而已，再说计算题单靠训练一两道题是解决不了问题的；任课教师首先要对某一章节要训练什么习题，做到心中有数。如《欧姆定律》一章，"动态电路分析""电路故障分析""欧姆定律计算"等都是训练的重点，那么就可以选取这样几个专题："动态电路分析""电路故障分析""滑动变阻器取值范围""探究电流与电压、电阻的关系实验专题""欧姆定律计算专题"等。再比如：《浮力》一章，"浮力及产生原因""浮力的影响因素""阿基米德原理及其应用""漂浮条件及其应用""浮力计算题"等。

这样，实际上是帮助学生梳理出来了每个章节需要训练的重点和难点。学生在训练的同时也明确了本章的训练重点和难点。

二、编制"微专题"的训练题

教师要敢于先"下海"，搜集近几年的中考试题，从中精选有代表性的习题，这一步非常关键。教师舍得多花一点时间，就可以为学生的训练省下不少时间。

例如：学完《机械运动》后，机械运动部分的图像题的训练就是一个重点。我选取了这么几道题，依据"易、中、难"的思维顺序，构成一个"机械运动图像"微专题。

例1：如图1所示的图像中，描述的是同一种运动形式的是（　　　）

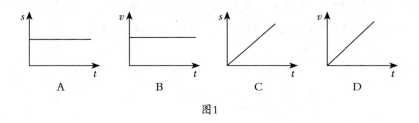

图1

A. A与B　　　　　B. A与C　　　　　C. C与D　　　　　D. B与C

例2：平直的公路上有甲、乙两辆汽车，它们的运动路程随时间变化的关系图像如图2所示。根据图像可知，汽车_____处于静止状态（填"甲"或"乙"）。

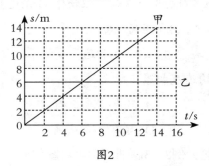

图2

例3：如图3所示，是甲、乙两辆同时从同一地点出发的小车的$s-t$图像，由图像可知（　　）

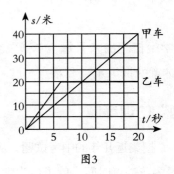

图3

A. 7～20秒钟乙车做匀速直线运动

B. 在0～5秒钟时间内，乙车的速度比甲车的速度大

C. 第10秒钟时，甲、乙两车速度相同

D. 经过5秒钟，甲车通过的路程比乙车大

例4：如图4所示，是沿同一条直线向东运动的物体A、B，其运动相对同一参考点O的距离s随时间t变化的图像，以下说法正确的是（　　）。

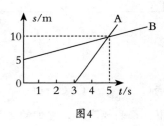

图4

① 两物体由同一位置O点开始运动，但物体A比B迟3 s才开始运动

② $t=0$时刻，A在O点，B在距离O点5m处

③ 从第3 s开始，$v_A>v_B$，5 s末A、B相遇

④ 5 s内A、B的平均速度相等

A. 只有①④正确 　　　　　B. 只有③④正确

C. 只有①③正确 　　　　　D. 只有②③正确

例1题是基础巩固题；例2、3题训练学生对图像分析和处理的能力，图像基

本能读懂；例4题稍有难度，大部分学生读不懂图像。

三、学生自主训练，暴露学习障碍

传统的习题训练模式是"先讲后练"，这样虽说教师的讲起到了一定的引领作用，但是学生的思维训练是被动的，懒惰的。往往是听明白了，自己做题又不会了。先让学生自主完成。学生在做这些题的过程中，思维是发散的，同时会发现自己的困惑，让学生带着自己的困惑听课，思维的积极性就会大大提高。教师通过批改作业，了解学生的训练情况，这样课堂上教师的讲就更有针对性。例如：学生在做压强计算的时候，最容易出现的问题是将受力面积与受力物体的表面积混为一谈，将受力面积是总的还是部分的？压力和重力混为一谈。

针对学生容易犯的错误，精选下面一题，就能够很顺利地解决学生解题中易出现的错误。

山东省第23届运动会山地自行车比赛项目将在济宁市万紫千红度假村举行，运动员李伟参加了小组选拔赛。图5中的山地自行车为比赛用车，其相关数据见表1：

（1）求碳纤维车架的密度。

（2）估计比赛中的山地自行车对地面的压强。

表1

车架材料	碳纤维
车架材料体积/cm³	2500
车架质量/kg	4.5
整车质量/kg	10
单轮接触面积/cm²	4

图5

大部分学生在计算本题时易出现的问题主要是在第2问。压力大小应该是自行车和运动员的总重力，而学生只计算自行车重力大小，出现"无人驾驶"；受力面积只用单轮面积；面积单位出现换算错误。

这一道题把压强部分易出现的错误基本囊括了，学生做后印象是深刻的，真正起到以一当十的目的。

四、小组合作释疑，教师点拨升华

在上面的"机械运动图像"微专题中，第四题的思维障碍主要是读不懂图像。在学生讨论的基础上，引导学生去分析，A图像说明A物体是从原点出发，但比B物体晚走3 s，到第5 s，2 s内走了10 m；B图像说明B物体距离原点5 m处出发，5 s内走了5 m；学生读懂了图像，答案自然就会做出正确的选择了。

接着，引导学生总结归纳常见的s-t图像（图6），知道各图像所表示的含义。

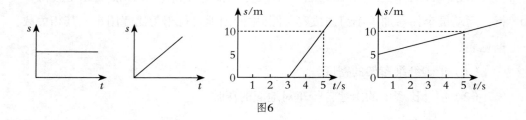

图6

这样学生对知识的理解就有了一个"质变"的提升，再遇到类似问题就会迎刃而解。

例5：《质量和密度》一章的计算题，可以设计这么一个"微专题"。

（1）一块体积为100 cm³的冰块融化成水后，体积多大？

（2）某空瓶的质量为300 g，装满水后总质量为800 g，若用该瓶装满某液体后总质量为850 g，求瓶的容积与液体的密度。

（3）地质队员测得一块巨石的体积为20 m³，现从巨石上取得20 cm³的样品，测得样品的质量为52 g，求这块巨石的质量。

（4）有一个体积为30 cm³的空心铜球，它的质量为178 g，铜的密度为8.9 g/cm³。

求：①空心部分体积；②若在空心部分装满水，求该球的总质量。

（5）用盐水选种需用密度是1.1×10^3 kg/m³的盐水，现要配制500 cm³的盐水，称得它的质量为600 g，这样的盐水是否符合要求？如果不符合要求，需加盐还是加水？应该加多少？

这5道题代表着5类题型，先不告诉学生，而是让学生先做题，在做题中去发现。在学生先做题的基础上，教师进行点拨升华，分别将5道题进行归类为：等质量问题；等体积问题；等密度问题；空心问题；合金问题。在进行题目归类的同时，实际上也找到了解决问题的关键。例如：等体积问题，就是利用"水和液体的体积相等建立方程"进行求解。这样既把问题简单化，又提升了解题能力，思维训练也得到了升华。

实际教学中，我很少用现成的复习资料，课后的作业量也是同行中布置最少的，但我的教学成绩在年级中却是最高的，这都得益于我搞的"微专题"训练，用时最少，效益最高，与现时的高效课堂的教学改革是相吻合的。

（完成时间：2015年7月，此文于2015年在《中学物理教学参考》上发表）

构建问题串，引导学生科学探究

——《探究电阻上的电流跟两端电压的关系》教学反思

《探究电阻上的电流跟两端电压的关系》一节是人教版物理八年级下册第七章第一节的学习内容，是一节典型的实验探究课。

一、学习目标

（1）会使用电压表和电流表测量一段导体两端的电流和电压。

（2）会运用控制变量法合作探究电流与电压、电阻的关系。

（3）会用图像法研究电流与电压、电阻的关系。

二、问题分析

从近几年上课的情况看，本节课出现的问题是：实验比较好做，但实验做完后的后遗症太多。实验做完了，实验探究题不会做。

例1：小刚用图1所示电路探究"一段电路中电流跟电阻的关系"。当A、B两点间的电阻由5 Ω更换为10 Ω后，为了探究上述问题，他应该采取的唯一操作是（　　　　）

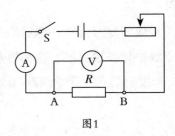

图1

A. 保持变阻器滑片不动

B. 将变阻器滑片适当向左移动

C. 将变阻器滑片适当向右移动

D. 适当增加电池的节数

例2：问滑动变阻器在探究电流与电压、电流与电阻的两个实验中的作用分别是什么？

学生不会回答后者。我曾一度为这些问题烦恼，也一直在研究怎么上这节课才能高效。静下心来好好反思了一下，主要是讲课思路不清，教师点拨不到位造成的。

实际上，设置三个问题就可以搞定这节课。这三个问题是：

（1）引起电路中电流变化的主要因素是什么？

（2）欲探究电流与电压的关系，在保持电阻不变时，改变电压的方法有哪些？若采用串联滑动变阻器的方法，那么滑动变阻器的作用是什么？

（3）欲探究电流与电阻的关系，如何用滑动变阻器调节电阻两端电压保持不变？两次实验中滑动变阻器的作用一样吗？

利用导学案先让学生课下进行预习思考，上课的时候先进行小组讨论，确定方案后接着进行实验探究。由于课下学生已经进行了充分的探究，课上的讨论就进行得很流畅，实验做得也很顺利。原本两节课解决的问题，一节课就解决了。这节课让我深深地体会到"以学生为主体，以思维为主轴"的真正含义。当然，问题串的设计至关重要，这是教师课下要精心备课才能做到的。

三、不足之处

（1）学生在总结结论的时候把电流和电压的关系颠倒了；一些学生的学科素养还没有培养起来。

（2）分步结论不加限制条件。例如：导体中的电流与导体两端电压成正比。没有前提条件："在电阻一定时"。

（完成时间：2015年10月）

"抢"着吃饭事件

这个学期，因为一些客观原因，8班的物理课原本是上午第3节，调到了上午最后一节。离下课还有5分钟的时候，突然发现班里有部分男生已经开始收拾课本和笔，眼睛瞄着教室门口。这是从教以来第一次遇到这个现象。尤其是毕业班，马上要中考的大孩子了。有些同学看我一脸诧异，赶紧跟我解释说："他们这是要急着去食堂吃饭呢！八年级就这个样子了。"哦，原来如此，之前没有上过第四节课，没发现这个问题。我有点生气，想制止这种行为。没想到，还没等我把话说完，有两个男生已经冲到了教室的前门和后门口，一个门口一个，唉，那副情景，着实让人觉得可笑。这哪里是九年级的大学生，幼儿园小朋友也不会是这个样子，竟然不经允许就蹿出教室。

这个班在八年级时是年级倒数第一的班，班里有七八个男生特别调皮，有几个几乎不进教室上课。进入九年级转变很大，但没想到还有这个毛病。难道班主任不知道吗？后来跟班主任一沟通，原来班主任知道这件事，只是不想管，看来还是有点"惯"着他们。难怪不听呢？后来我也制止了几次还是不听。

中考前一周的周五下午学校举行了毕业典礼。最后一个周二上午最后一节物理课，临下课前5分钟，我说："现在，课堂上分分钟都很宝贵。今天不能再提前下课了啊！"这话说完，我寻思那几个学生是不是又会不听。没想到，他们竟然一反常态，没有一个站起来。我是想，尽管这些孩子马上要上高中了，但是到了高中以后，这些习惯还是要改的。因此，还是要说动他们。我趁机又接着说了一句："每天提前5分钟，一周算下来，一个学期算下来得浪费掉多少时间？"没想到话音刚落，那个最调皮的男生回答了一句："嗯，浪费不少时间呢！"没想到，改了几个周的坏习惯，最后一笔时间账，他算明白了。

这让我想起来一段话。教育者经常不自觉地去"说服"人，殊不知，人是不可能被"说服"的。我们要的是"说动"，只有把心说动了，才会马上去行动。"说服"，需要一万个理由，而"说动"，只需要一句话或者一个词，在或明或暗的人心中找到一个缝隙，然后把光照进去，人就会觉醒，觉是一个瞬间，而醒是一种状态。人一旦觉醒，自己会选择，自己会清楚要到哪里去、怎么去，自己会立即去行动。

《道德经》第四十三章提道："天下之至柔，驰骋天下之至坚。无有入无间，吾是以知无为之有益。不言之教，无为之益，天下希及之。"说的就是教育者自身的人性之光、道德之光、智慧之光，投射到人心的某个缝隙之中去，是为"唤醒"，教育就是唤醒。

所谓缝隙，就是"人心惟微"之处是也，就像一枚钱币正反面之间。比如，人的自责与反省之间、学以为己与学以为人之间、说服与说动之间、责任与担当之间、痛苦与智慧之间、人的愧与无愧之间等，都客观存在一条不怎么起眼的缝隙，存于倏忽明暗之间，教育者不经意间把光投射进去，人就一定会醒。

人醒了，就不用再"说服"了。

（完成时间：2022年6月）

成　果　篇

为使桃李更芬芳

——我的专业成长之路

我是1988年毕业，转眼间从事教学工作已有28个年头了。28年来在各级领导的关怀、支持下，在老师们的热情帮助下，我较快地适应了教师职业，从一个稚气的大学生逐渐成长为一名成熟的中学高级教师，日照市优秀教师，日照市劳动模范，山东省教学能手，山东省特级教师。

一、把握机遇，磨炼自身

对于青年教师来说，有良好的成长机会是很重要的。只有有机会，才可能取得成功。就这点来说，我是幸运的。

（一）我遇到了好领导、好老师

我的专业原本是化学。1991年调入港中时，正值港中缺物理老师，我便挑起了这副重担。说实在的，当时是吓得够呛。这不等于是一切都要从头开始嘛。硬着头皮进课堂，没想到学生非常喜欢我的课，也许我天生就是教物理的料，这让我心里踏实了很多，尤其是期末的物理成绩超出对比校10多分，在全校也是超分最多的老师之一。1992年5月，我很荣幸地被推荐参加市物理优质课的评选，当时的我是既高兴又害怕，高兴的是领导把机会给了我，害怕的是心里一点底都没有，能行吗？好心的老师们便来鼓励我"去吧，拿个二等奖也行"。在领导的支持和老师们的鼓励下，我不负众望，拿到了一等奖。这是港中历史上的第一个优质课比赛奖。更让我终身难忘的是：当校长在教师会上宣布这一消息的时候，老师们给予我最真挚、最热烈的掌声。之后的20多年的教学中，我多次讲校、市公开课，几乎每一次，学校分管业务的领导都要来听试讲课，并提出详细的修改意见，不厌其烦。此类之事在我的专业成长之路上屡见不鲜，正是他们的无私奉献，铺就了许多骨干教师的成名之路。

（二）有领导、专家指导的公开课更是提高教学水平的快车道

多年来，我有幸得到了市教研室学科教研员的悉心指导。正是他们多年来的悉心指导，我才能从一名新教师逐渐成长为省市级骨干教师。其中，对我影响最大的就是郑培华老师，是他第一个把参加省优质课比赛的机会给了我，并要求我练普通话、粉笔字。正是1992年暑假的一个假期的刻苦训练，奠定了我扎实的教学基本功。

（三）有发展的机会很重要，但抓住机会更重要

俗话说"时不我待，机不可失"，没抓住当前的机会，意味着将失去下一个机会。因此，我认真看待每一次专业成长的机会，用自己的全副身心投入其中。2005年我又一次获得了参加市优质课的机会，那年我已经38岁，正是船到码头车到站的年龄，而且当时带着四个班的物理课，还是学校的教导处副主任、年级主任，不参加，理由很充分；去吧，万一讲砸了怎么办？可转念一想，下边乡镇的教师一辈子都可能没有这个机会，我怎么有理由放弃这个机会。要参加就认真对待，精心准备。在各级领导的大力支持和物理组各位老师的热心帮助下，我又一次用实力证实了自己的能力，2006年我终于圆了山东省物理优质课一等奖的梦，2007年正好赶上山东省教学能手的评选，我又很幸运当选。连续三年的讲课比赛，更让我加深了对新课改理念的理解，对新教材的使用起到了推进作用。

二、扎根课堂，锤炼自身

一个教师的成长，固然离不开公开课、优质课，但是最能磨炼人的，还是日复一日的家常课。因为教师的真正价值，体现在自己所教的学生身上。平常，我努力把每一节课都当优质课来要求自己。久而久之，课堂教学水平明显提高。教师的功夫在课下，这一点我深有体会。我一般这样备课，首先，在吃透教材、教参的基础上，写出教案的初稿，接着上网搜索相关教学资源。例如：教学设计、课件等，或查阅一些教学报纸、杂志，然后进行二次备课。记得有一次在讲凸透镜成像规律一节时，离上课还有一节课的时间，我突然从一本杂志上看到了一篇有关这一节教学的创新设计，感觉不错，得试一试，于是我马上将自己的备课做了调整，从课堂的教学效果看，真是不错。这样的事情经常发生，我的教案总是写了改，改了写，直到自己满意为止。物理是一门自然学科，实验教学是物理教学中的重要部分。对于课堂上要做的每一个实验我都要事先在课下做上几遍，可做可不做的实验我选择做，学生能做的我尽量不包办，不能做的实验我创造条件做。例如：在学习用电器的额定功率和实际功率时，遇到了这样一个问题：两个串联的灯泡接入电路时额定功率大的亮还是额定功率小的亮？刚开始我是用公式推导，学生听了半信半疑，是这样吗？要是有个实验，让学生们看一下就好了，可是学校里没有这样的教具，于是，我自制了一个，演示效果非常好，不只是直观形象，而且对学生创新能力的培养起到了一个很好的示范作用；坚持让学生动手做实验，为了减少工作负担，不做这些，多让学生练几道题，一样也能提高成绩，可良心告诉我，不能那样做。为了丰富教学资源，开阔学生的视野，也为了提高学生的学习兴趣，从学校里开始有录像机时，我就去借着用，自从学校网络开通以后，丰富的网络信息资源也展现在我的面前。我就利用网络下载大量的教学资源，如教学设计、教学课件等，应用到自己的教学中。同时自己开始学习制作课件，编制练习题等，现在，我已经拥有了一个初具规模的教学资源库。同时，我还充分利用数码照相机的功能，亲自去生活中拍有关物理的图片、视频等，课前的备课和整合教学资源的过程，花去了大量的时间，也非常辛苦，在别人看来，还有点"傻"。到现在，我不会上网聊天，不会玩游戏，总感觉没有那份时间。天道酬勤，我的课堂逐渐形成了一定的风格：民主、和谐、语言精练、容量大、高效率。在省市优质课比赛中，这一优势明显地发挥出来，好多老师实验失败、拖堂，而我在每堂课40分钟的时间里都能顺利地完成教学任务。随着教学水平的不断提高，我对自己又提出了更高的要求，不仅要上好每一堂课，而且要打造精品课。注重"以学定教，以情育人"，追求"简约而不简单"，形成了"民主亲和、干练紧凑、诙谐风趣"的教学特色。

三、磨课研讨，提升自身

全国著名特级教师于漪说，她是用一生的时间在备一节课。可见，用心磨课的重要性。一个教师的成长，要敢于向自己的课堂挑战，请同行、领导走进自己的课堂挑毛病，自己则在发现毛病、克服毛病中不断完善自我，在一次又一次地磨课中能使课堂日臻完美，教师也在一次次地磨炼中成长。这一点说起来容易，做起来难。好多老师把学校里的公开课看成是一种负担，把领导、老师的评课看成是挑毛病，在这点上，我的心态是很好的。"当局者迷，旁观者清"，自身的不足自己是很难发现的，尤其是一些教学细节。我把磨课看成是提升自我教学能力以及锤炼课堂技巧的好时机。记得刚开始工作那几年，每次讲公开课就紧张，课堂上表情很严肃，当时自己根本没有觉察到，董校长及时给我提醒：你讲课的声音很洪亮，但没有起伏，这样的声音容易让学生疲劳。董校长这样表扬我：在北楼上课，南楼上听得很清楚。表扬的背后我意识到了什么弱点，在后来的教学中我就特别注意去克服这些弱点。学生回答错了问题，我会很生气地说："坐下"，试想：这个学生以后还敢回答问题吗？刘英伟老师及时给我指出了这一点："请你先坐下，再想一想，好吗？"，这样的事情还有很多很多，我把他们视为自己成长路上的"领路人"，在此也向他们表示我最真诚的感谢！

四、善学乐学，丰富自身

好教师的知识结构应当由三块组成，即精深的专业知识、开阔的人文视野、深厚的教育理论功底。不是物理专业毕业的我，意味着要比别人付出更大的代价。刚开始，我担心自己教物理教出化学味。除了吃透教材、教参外，我把主要精力放在阅读《中学物理》《中学物理教学参考》《物理教师》《中学生数理化》等专业杂志上，好的经验、做法、习题我都赶紧摘录下来，应用到自己的教学实践中，到现在我还保存着当年的笔记本。在工作中我努力拓宽学习渠道，积极参加校内外的各种业务培训，走近学者，与同行研讨，和学生交流，取他人之长补己之短，把学习当作自己的工作，乃至生命不可或缺的部分。20多年来，利用业余时间认真学习创新教育理论，同时利用一切外出学习机会，吸收新思想、新理念、新方法和新成果。联系教学实际，撰写了多篇教学论文，有多篇论文发表或获奖。参与主编《中国素质教育探索》，在《中学物理》《中学物理教学参考》《现代中小学教育》《神州》《新校园》等省级以上刊物发表多篇论文。

没有教育科研的教育是僵化的教育，没有科研意识的教师是没有生命力的"教书匠"。课题研究是教师专业发展的催化剂。搞课题研究，会逼着你去学习相关的业务理论，会逼着你去反思自己的教学过程，不断提出有意义有价值的教学问题，不断改善自己的教学。面对新的课改，传统的"经验型""教书匠"已不符合时代的要求。作为一名教学骨干和教育管理工作者，自然不能落在别人的后面，不满足于现状，大胆实施教改，积极进行优化教学方法、教学手段的探索，先后承担省、市级课题四项，都已顺利结题。其中，《初中生物理实验探究能力培养的案例研究》荣获省级科研成果一等奖，《做实做新校本教研，助推教师专业发展》荣获2013年山东省教科研成果一等奖。

五、反思积累，成长自身

我记得有一个公式：经验+反思=成长。一个人只有在经验的基础上不断反思，才能不断成长、不断提高、不断进步。只有经过反思，才可以使原始的经验不断地处于被审视、被修正、被强化、被否定的思维加工中，这样的经验才会得到提炼，才会得到升华。"你要想跑得更快，要先学会停下来。"这句话告诉我们，在跑步中应学会停下来，就是说可以对自身做全面彻底的调整，这样可以积累更多的体力、技巧和方法，以更快的速度冲刺。跑步是这样，教师工作乃至一切工作何尝不是这样呢？有的教师劳累了几十年，在退休时除满身的病症之外，什么也没有留下；有的教师在工作岗位上像一部机器痛苦地运转，怨天尤人，却从没想过究竟怎样做才能获得工作上的快乐。我认为这有可能就是在工作中缺乏"反思"的结果。我们多数教师都有这样的体会，平时看到了许多，也想到了许多，可就是没有把这些想法写下来，日子长了，回过头来看身后的足迹，没有任何可以让自己回味的东西。到了真正有想法想写点东西的时候，脑子里仍是一片空白，也没有可查找的个人资料，写文章自然是东拼西凑，写不出来属于自己的东西。其原因是自己平时没有动笔积累的习惯。教育事业和其他行业不一样，因为我们面对的是活生生的人，人是变数最大的、最活跃的因素，过去成功的经验，在不同的教育对象面前不一定同样会成功。因此，我们必须要经常反思自己的教育教学行为，让自己的教学永远朝着更好的方向发展。不断的反思积累已经成为我的自觉行为。在琐碎繁杂的工作之余，我努力挤出时间写教学随笔，教育心得，哪怕是几十个字也赶紧记下来。

六、师德修养，完善自身

教师是职业，更是事业。只有这样，你就不会只教你喜欢的学生；只有这样，你就不会带着烦恼情绪上课；只有这样，你就不会只去教那些优秀的学生，筛除一大批"差生"；只有这样，你就不会被社会上的不良习气所诱惑；只有这样，你就不会安于现状，不思进取；只有这样，你就不会在遇到挫折的时候，灰心丧气。工作中，不乏这样的教师，尽管能恪尽职守，本本分分地把教书这项工作完成，却从未想过使自己再提高一些，更能胜任一些，把学生教得更优秀一些，对学生的人生更负责一些，只是满足于现状，机械度日。我曾听到一位教学水平比较高的老师说过的一句话"看着学生就够了"。听了这句话，对那位老师的好感再也提不起来。"善待每一位学生"是我对自己提出的最基本的要求。20多年来，我一直工作在教学第一线，并多年从事毕业班的教学工作。2005、2006两个学年度，我带四个班的课，周课时达到18节，而且还是跨年级教学，同时还要分管学校的教学工作、年级管理和工会工作，可以说工作任务是非常繁重的。面对困难，我没有抱怨，为了能够按时给学生批改作业，要求自己每天都比别人早到半小时，同时注意提高自己的工作效率，尽管头绪繁多，但各项工作仍然做得有条不紊，虽然忙碌，但很充实，学生满意率100%，教学成绩多次被评为特优。

前程漫漫，我将一如既往地跋涉下去，仍会把学习、教学、反思作为自己的人生乐趣，不断地超越自我。成长路上，仍需要领导、老师的关怀，专家的引领——这将是我前进的动力。

（完成时间：2013年10月，本文系在日照港女职工大会、日照港教育中心全体教职工大会的先进典型发言材料）

青蓝携手共奋进，开拓创新谋发展

——2016—2017学年度第一学期教科研工作总结

本学期，在学校领导的大力支持下，学校的教科研工作开展得有声有色，富有成效。具体总结如下：

一、扎实开展"青蓝工程"活动，在全体教师中营造了"青蓝手牵手，师徒共进步"的良好氛围

借本学期新进较多青年教师之机，"青蓝工程"又一次成了本学期研训工作的重点。本着"高起点、高标准、高素质"的"三高"培养理念，学期初教科处制订了详细的培训计划，并开展了一系列扎实有效的指导培训活动，取得了较好的效果，涌现出很多感人的人和事。

（一）师徒结对，互助成长

本学期，又新进了一批青年教师。9月份一上岗便为每一位青年教师配上一个师傅，教科处和学科组长、师傅们一同深入青年教师课堂听新教师的第一节新授课，利用两周的时间对新进的12名老师逐一进行了教学基本功和基本素质情况摸底，并会同学科组的师傅们进行有针对性的指导。同时，要求青年教师进师傅的课堂听师傅的课，学习借鉴师傅们的教学经验。刘凤、刘丽、王明辉等青年老师不仅教学任务重，同时还担任班主任工作，但他们没有因为工作繁忙为不听课找借口，坚持做到先听课再上课。他们的这种好学精神，也激励着师傅们精心备课上课。区视导检查，首先安排青年老师讲课，抓住视导契机，请教研室专家们为他们做指导。组里有教师参加各级比赛，组长带领着组里的

教师不厌其烦地进行磨课。一遍又一遍，有时甚至陪着老师们加班加点。老教师们的那种无私奉献的精神深深地感动了青年教师。

（二）抓实培训，引领成长

学期初，教科处单主任结合自己的成长经历，做了《一路风景，一路芬芳》的教师专业成长讲座，引领全校教师把专业成长作为自己的生命自觉。要求教师喜欢自己的职业，喜欢自己的课堂，喜欢自己的学生，守护好自己的从教初心，幸福做教师，做教育，收到了良好的效果。本学期，区级以上优质课比赛接踵而至，参赛的老师们都以积极向上的心态迎接比赛，对待讲课的态度端正了，不再只是为了拿到一个证书，而是重视自己的专业成长了。物理组王金辉老师在忙着准备全国微课大赛的同时，又接到了区里的优质课比赛，当时离区里比赛只有几天的时间了。他二话没说，晚上下班后加上一个周末，泡在办公室里，精心备课、准备实验。功夫不负有心人，凭借着他的智慧和拼劲，拿到了全国微课大赛一等奖和区优质课一等奖的好成绩，他的微课制作水平和创新实验设计得到了评委和老师们的一致好评。化学组赵华老师，刚刚忙完区、市两级比赛，已经折腾得疲惫不堪，接着又接到了区视导检查听课的任务，用她自己的话说"感觉身体被掏空了"，就凭借着自己的那股不服输的钻劲，圆满完成任务。

教科处给今年新进的12名青年教师进行了专门培训，请2011年进校的青年教师王军谈自己的成长体会，为他们树"标杆"；就如何撰写教案、如何说好一节课等方面进行了基本功培训，为他们早日成为一批训练有素、拿得起放得下的优秀教师奠定一个扎实的基础。

本学期外培学习力度加大，省、市、区三级教研活动都派相关教师参加了。同时，重视外培学习效果。教科处积极为优秀青年教师提供外出学习机会，先后派出刘凤、焦昱安、刘丽等老师参加市、省两级优质课观摩学习，开阔他们的视野，刚一上岗就站在一个高的起点上来成长自己。

理论学习：本学期为老师们购买了《幸福教育与理想课堂八讲》一书。

（三）搭建平台，磨炼成长

"要想成长快，就要去参赛"。压力大，成长的动力也大。教科处在搞好培训的同时，积极组织青年教师参加各级各类比赛，促使青年教师快速成长。10月份，举行了"练内功、强素质"青年教师基本功比赛。焦昱安、刘丽、刘凤等青年教师崭露头角，他们过硬的基本素质、那份积极向上的拼搏劲，也深深地感染了老教师们；王金辉老师课余时间利用多媒体技术制作微课来突破教学中的难点，作品荣获全国信息技术与课程整合优质课大赛（微课类）一等奖。

"青蓝工程"为我校青年教师搭建成长平台，推动了全校教师整体素质的提升，形成了教师队伍梯队式发展的良好态势。

二、扎实开展好各种课例教研活动，深化阳光课堂教学改革，提升课堂教学效益，教师整体素质得到发展

首先，学期初，教科处就前一阶段阳光课堂的开展情况做了回顾总结，指出了存在的问题，为老师们进一步指明了下一步努力的方向。例如：部分教师只为应对"展示课"任务，平时的常态课"涛声依旧"；评价重点仍然只注重上课的效率，忽视上课中的师生状态，学生核心素养的培养还存在着很大的空间；课业负担重+高阶思维（分析、综合、评价、创新等问题解决）与基础水平（知道、理解、运用等内涵把握）不匹配等。据此提出了下一步努力的方向：致力于帮助学生实现当下的幸福生活；致力于教师在教学中的幸福生活。

重新诠释了"阳光""活力""高效"三个特质的含义。"阳光"是指教师要有自信、激情，师生间要有情感的交流、共鸣，教师要关注到每一个学生。"活力"是指：教师的提问要有深度、有广度，要有思维的碰撞；当然，要有趣，学生的学习积极性是高涨的；"高效"是指没有困惑，有能力迁移，有学科素养的提升。

接着，9、10、11月份扎实有效地举行了学科组的阳光课堂示范课，年级组的录课议课活动。

亮点如下：

（1）学校领导亲自深入课堂听课，同老师们一起会诊课堂教学中的问题。

（2）各教研组、备课组活动主题明确，都能够很好地使用观课量表进行课堂教与学行为的量化分析，都能够开诚布公地探讨问题，营造了一个互帮互学的良好教研氛围。

（3）硕果累累。本学期，有13名教师参加区优质课评比，12人获得优质课一等奖；其中，王军、赵华、朱晓萌老师凭借自己的实力争取到了省、市参赛

的机会，并取得了较好的名次。

存在的问题如下：

（1）教师的教学基本功仍然是一个亟待解决的大问题。

① 语言：不简练，语速快，声音小，缺乏感染力，个别教师还有比较严重的口头语。这主要是课下准备不充分造成的。课下，不仅是备教材、备学生，更重要的还要想好课堂上说什么，怎么说。

② 状态：情绪不饱满，激情不够，营造的课堂气氛比较沉闷。这与我们的阳光课堂的理念是不符的，我们的阳光课堂首先应该是温暖的。自信、激情是教师送给学生的第一张名片，要做到这一点，心中就要先装着学生，发自心底地爱他们。

③ 板书：字体小，字迹潦草。

④ 课件制作基本常识还不懂。看来平时很少使用。

（2）理念：形式上的东西有了，但实质的东西还欠缺。

① "会的举手，好，放下。"这就是评价吗？那么不会的同学不管了吗？我们的阳光课堂理念之一就是温暖课堂，就是帮助不会的同学解决困惑。

② 认为有个小组合作就是新理念了。小组讨论的时机不合适，是个问题就讨论，小组讨论的次数太多，讨论的时间还不充分，思维碰撞的火花还不够激烈，导致课堂气氛比较沉闷。

③ 个别教师抢话代言现象很严重，学生能力被教师的"精彩"所遮掩。还有的课堂教师自问自答、自编自演，与我们提出的"学生牛就是好课"还有很大的距离。

④ 问题多，活动散，思维浅。教学工作大都停留在知识点的落实上，学科思维、学习能力的培养还很欠缺。

（3）驾驭课堂的能力不够。当"生成"顶撞了"预设"的时候，不知如何应对。

（4）九年级教师忙于赶进度，课堂教学容量大，但知识点的落实出现蜻蜓点水的现象，欲速则不达。一节课应该突出抓好2~3个重点问题搞懂搞透，简单问题、非重点问题让学生自己解决。

课改永远在路上。

三、发扬学校的良好的课题研究传统，扎实做好课题研究，打造研究型教师队伍

注重选点突破。依据我校实际特点，选取两个研究点，开展"有效行为研究"。

（1）家校合作：班主任和任课老师越来越认识到家校合作的重要性。充分利用QQ群，借力使力。

（2）两个共同体运作良好，有一定成效。

（完成时间：2016年12月）

聚焦课堂谋发展，精准研修促成长

——2016—2017学年度第二学期教科研工作总结

本学期在学校领导及各处室的通力配合下，在全体教师的共同努力下，学校教科研工作紧紧围绕学校"以学生为中心，以质量为中心，抓内涵发展"的工作思路，以提升教育品质、丰富学校内涵、促进教师成长、发展学生核心素养为重点，以课例研讨、教学比武、学习研修为抓手，开展了扎实有效的研训活动，学生核心素养的培养、教师专业队伍的均衡发展和学校教育教学质量又上了一个新的台阶。

一、继续深化基于核心素养下的阳光课堂教学改革，让阳光照亮每一个学生，打造我校阳光课堂的特色

为进一步深化我校"356阳光课堂"教学改革，从2月底开始，先从九年级开始，每个年级两周时间，每位一线教师都要参加，历时6周，除去特殊情况，共有84位教师参加了讲课，学校中层带头上课，学校宋校长亲自深入课堂调研，业务校长、教科处主任认真调研了每一位教师阳光课堂实施情况。

（一）突出抓好两个"关注"，彰显出我校阳光课堂的特色

阳光课堂的真正特色在于课堂的"阳光化"，这是本学期深化课改的重点。而课堂是否阳光取决于老师是否阳光！只有阳光教师才能培育出阳光的学生。因此，要求每位一线教师从两个"关注"，即关注学习困惑、关注"学困生"入手开展自己的课堂教学改革。首先，在全校一线教师中开展了"我的课堂阳光在哪里"大讨论，要求每位教师结合自己的课堂，认真反思自己的教

学。其次，狠抓课例研讨，本学期课例研讨的主题是"基于核心素养下的我的阳光课堂"。要求教师从一句话、一个理念做起，让阳光的理念落实到课堂中去。最后，学校领导深入课堂，实地调研，好经验及时分享，不足的地方随时跟任课老师沟通。

以前，课堂上大部分教师只是关注所学知识的重、难点，即知识的困惑，很少关注"学困生"，即接受快慢的困惑。现在，课堂上说"你做题时遇到了什么困惑？能谈谈吗？"说这样话的教师越来越多，教师亲切的话语，让这些有困惑的同学感受到了课堂的温暖，只有在这样的课堂上他们才敢于说出自己的困惑！以前，学生有困惑时，大多数情况下，教师都是来亲自解决。这是师生间的低层次的思维对话，课堂上需要生生之间思维的碰撞。现在，老师们不再急于搬出现成的答案，而是"谁来帮他解决？"，会有意识地引导其他同学共同实现思维碰撞，智慧共生。

（二）抓学习小组建设，搭建一个学生乐于分享与交流的阳光课堂

阳光课堂是一个学生乐于分享与交流、学生之间均衡发展的课堂，小组合作不失为一种重要的抓手，是大面积提高教学质量，实现学生之间的均衡发展的一项有力措施。目前，我校的小组建设还存在着很多问题，虽说也有学习小组，但也是和很多学校一样，大都是流于形式。没有合作意识，分工不明确，没有激励评价的合作是假合作。为此，学校召开了"搭建助学平台，促学生均衡发展——班级学习小组建设"班主任专题培训会议，要求班主任积极做好学生合作意识的培训，制订学习小组管理方案，与任课老师做好沟通交流。为了保证小组合作的有效性，扎实拓展小组多元合作评价机制。例如：奖惩兼施。并不是只给对的组加分，还要给回答错的组扣分。这一招逼着小组内的同学要认真合作，否则，即便争取到了展示机会，也不敢保证加分。

现在，很多班级的课堂上，没有教师的侃侃而谈、口若悬河，也没有学生的神情紧张、眉头紧锁。在这里，五六名学生为一组，聚在一起，学习着、讨论着，脸上充满了阳光，神采飞扬地阐述自己的观点。"我来讲""我纠正""我要问""我补充""我质疑"……每个小组都在踊跃地参与到课堂中来，学生们不再扮演聆听者的角色，而是成了课堂的主体。这个课堂，神奇地把学生从被动的"你要学习"，变成了积极主动的"我要学习"。

（三）抓"家校合作"，借力使力，使教育最大化

在步入课改深水区的今天，家校合作的重要性越来越受到教育界的重视。有人曾经这样总结过："三分之一的家长积极行动，步步紧跟；三分之一的家长虎头蛇尾，勉强应付；三分之一的家长基本没有能力跟得上。而这就是及格、良好、优秀拉开档次的主要原因。"学校也充分认识到了这一点，结合省级课题研究，狠抓"家校合作"工作，取得了一定成效。

班主任和任课老师们不再单打独斗，参与学习管理的家长越来越多，会管孩子的家长也越来越多，学生们的作业上交及完成情况得到了很大的改善。以前，到了八年级下学期，每天也就上交二三十本作业，而且作业质量也没有保证。现在，基本上是全交，而且是纠错后的作业。

真正做到了当天的困惑当天清。同时，学生在学习上遇到困惑时会通过QQ群及时跟老师沟通，辅导也有了着力点。

二、做活"校本研训"，让每位教师都成长，促使学校教师队伍均衡发展、快速发展

本着"外培内训"的原则，学校争取一切可以争取的机会，外派教师参加区级以上教研活动，接受高层次锻炼和培训。毕竟外出学习的机会有限，学校更注重校本研训，它是教学的活水之源，而且最能解决教学中的实际问题，更注重从一线教学中产生问题，正视问题，通过教学来研究问题、解决问题，并将研训结果服务于生产一线。目前，学校研训工作存在的最大问题就是：老师们工作繁忙，尤其是班主任，每个学期最多组织2～3次大型培训，但仅靠这几次大型培训活动远远不够。如何既不耽误老师们的工作时间，又不影响培训？对此，我们创新了做法，就是充分利用QQ群，随时将听课时拍下的照片用手机上传QQ群，及时在群里分享好经验、好做法，及时纠正存在的问题，让其他老师引以为戒。QQ群，第一时间把老师们的"大脑联网"，有课的老师可以下课后浏览QQ群，没有研讨活动的其他组的老师可以通过QQ群，来了解其他同伴的教学情况，借鉴好的经验做法。

三、继续做好课题的过程性行为研究，切实为阳光课堂的深化改革、教师的专业成长起到积极的促进作用

学校层面结合课堂教学改革，继续深入研究省级课题"教师不良教学行为对初中生课业负担的影响及改进对策"，及时总结经验教训，并注重将研究成果撰写成论文，本学期有8篇论文分别在省级以上刊物发表，创历史新高。顺利完成了市教研室组织的省级课题中期验收。有3项小微课题顺利结题。秦玉彬老师主持的《微课设计及应用研究》被教育部数字研究中心立项研究。

本学期，语言文字和新教育工作圆满完成了所负责的各项任务。

（1）认真组织寒假读书活动，评选"书香班级""书香家庭"和"书香学生"，营造学校良好的阅读氛围。

2月份进行了"亲近经典，浸润书香"寒假新教育读书活动的评选与表彰，授予26个班级和45个家庭"书香班级"和"书香家庭"荣誉称号，授予全校935名同学"读书明星"荣誉称号。

（2）以提高学生语文素养为核心，以主题征文比赛活动为载体，扎实推进语言文字和新教育工作。

结合各级各类比赛，开展语言文字相关活动，培养学生规范使用普通话、写好规范字的良好素养。本学期组织全校学生参加了第十七届全国华人作文大赛、"林水会战，清清河流行动"征文比赛、第十二届全国冰心文学大赛、全省"国学小名士"观后感征文比赛、东港区"注重家教家风·培育家国情怀·共创文明城市"读书征文比赛、"4·23"世界读书日征文比赛、全省第六届"感恩母亲"征文比赛、全国"文心雕龙杯"作文大赛、全市"创建国家森林城市"征文比赛、全市童话征文大赛、全市"学党史感党恩跟党走喜迎十九大"主题征文比赛等十余项活动，共有320多名学生分别获得一、二、三等奖，18名教师获得优秀指导奖，学校同时获得了"全国教书育人先进单位""全国校园文学示范单位"等荣誉称号。同时，对暑假期间的学生、家长、教师读书活动做好部署，并积极上报优秀征文参加评奖活动。

（3）通过主题活动向学生进行道德教育，潜移默化向学生渗透语言文字的魅力。

5月至6月组织进行七年级经典诵读比赛，任春燕老师的班级参加全区的比赛，获得一等奖。整个活动不仅使中华民族的优秀文学遗产得以广泛传播，而且通过诵读振奋精神、温润生命的诗文，使学生受益终身，提高了学生对诵读的兴趣，培养了学生良好的核心素养。

（4）组织教师认真学习，深入理解和践行新教育的理念。

① 开展读书漫谈活动，进一步深化阳光课堂教学改革，提升教师的教育教学能力。2月份组织全校老师进行"阳光课堂，幸福师生"的读书漫谈活动。刘丽、张秀华、赵华、卞秀慧、董丽、焦昱安六位老师分享了自己在阅读《幸福教育与理想课堂八讲》之后的体会和感悟，分享了阅读对教育教学工作的帮助和人生智慧的启迪。并通过聆听马校长《从核心素养到课堂变革》的读书交流报告，真正做了一次思想上的沟通和精神上的交流，有力促进了教师的业务发展和生命成长。

② 为推动研究，促进学习和交流，3月份组织进行了2017年新教育年会有关"教育叙事""完美教室""榜样教师""先进个人"的评选上报工作，有12位老师积极参与，教师的专业化阅读与专业化写作有了很大提升。

（完成时间：2017年6月）

做有思想的行动者

一、敬畏职业，无私奉献

（一）立德树人

我的教育教学观是：善待每一个孩子，让每一个孩子都挺起胸膛做人。要求自己不能只用分数这一把尺子来评价学生，不娇惯优秀生，成绩是一流的，做人也要是同学们的榜样；不歧视、不放弃"后进生"，我的课堂是一个互帮互助的课堂，"后进生"学习有困难的时候，他们都有"特权"，可以找优秀生求助。

（二）做"真"教学

物理是以实验为主的自然学科，那种放弃实验教学，只让学生看实验、背实验的教学，是一种没有学科素养的"假教学"。对于课堂上要做的每一个实验我都做，可做可不做的实验我选择做，老师演示一下就可以的实验，我变成分组实验。没有条件做的实验我创造条件做。曾经有一段时间，实验室里没有实验员，所有这些我都要亲自去准备。

（三）自编习题

学生的课业负担过重的一个原因就是：训练的低效和无效。因此，磨题也是老师们的一项基本功。每年中考结束以后，我都会搜集全国各地的中考试题，进行研究、整理、分类，虽然这项工作很辛苦，但我乐在其中。我很少用辅导资料，学生训练用的习题基本都是我"对症下药"编制的，很受学生欢迎！准备实验、编制训练题等，需要花费大量的时间，也非常辛苦，可我就有这股子"傻劲"，我把上网聊天、玩游戏的时间挤出来给了自己的学生们。我现在拥有自己的资源库。

引导学生进行错题反思，是提高教学效果的一个很好途径。多数学生这方面的习惯欠缺，有的没有时间，有的孩子这方面的能力欠缺，不能全部让学生去做，老师仍要亲力亲为。

（四）扎实做好分内小事

学生交上来的作业我总是认真批改，我觉得教师也要敬畏学生，尊重学生的劳动。很多老师经常埋怨学生不交作业，交得不多，但我的学生们的作业总是交得又齐又及时，这大概就是我的人格魅力感动了学生的缘故吧！

我从来没有让孩子们的考试卷过夜的习惯。经常是家长还没有见到孩子的试卷，在群里就已经知道了班级孩子的考试情况，家长、学生都深深被我的做事效率所折服，被我的这份敬业精神所感动。

我要求自己把班里成绩排名最后的一名学生看作是自己的孩子。不歧视、不放弃，鼓励他，帮助他，让他挺起胸膛做人。耐心辅导每一个孩子。现在网络条件便利，我的学生们可以随时利用QQ群问问题。

二、锐意进取，奋飞成长

（一）历练"重生"

2005年，当我再一次拥有参加市优质课比赛的机会时，那年我已经38岁，惰性大于激情，但最终我还是鼓足勇气走上了比赛之路。从市里到省里，终于圆了山东省物理优质课一等奖的梦；2007年又顺利拿下"山东省教学能手"，实现了日照市初中物理教学能手"零"的突破，也是学校历史上第一个获得这一殊荣的教师。连续三年的讲课比赛，让我加深了对新课改理念的理解，对新教材的使用也更加得心应手。

（二）学习增值

（1）自建博客，与大师对话。

（2）利用QQ群与同行切磋。

（3）与博友互动。

（三）智慧教学

课题研究可以激活教师的教学智慧，为教师的成长插上一双"隐形的翅膀"，从"拼体力"走向智慧教学。我在实验教学、习题教学、深度学习、自主互助学习、家校合作、如何减轻学生的课业负担等方面，都进行了大胆的探索。2009年我承担的省级课题"初中生物理实验探究能力培养的案例研究"顺利结题；2014年我承担的省级课题"构建阳光高效课堂的实验与研究"获省级教研成果二等奖；2017年我承担的市级课题"初中物理中'微专题'训练有效性的研究"顺利结题。现正担任省级规划课题"教师不良教学行为在中学生课业负担中的影响及规范对策"主持人，该课题正处于研究论证阶段。

1. 阳光课堂，幸福师生

三特质： "温暖""活力""高效"。

五关注： 关注学生的情知基础，关注学生的生活体验，关注学生的当下需要，关注学生的独特感受，关注学生的认知效果。

六环节课堂教学模式： 定标自学—情境诱学—合作探究—展示点评—精练巩固—反思提升

2. 研究成果

教育形成了合力，教育不再是一个人的单打独斗。家长、班级的优秀群体都成了我教学中的得力助手。家长们各个都成了教育行家。优秀生们成了我的"小助教"，我的教学变得更加游刃有余。

唤醒了学生们的互助意识、学困生的求助意识，形成了一个积极向上、互帮互助的学习氛围。如果学生的交流、合作能力欠缺，那么他将来走上社会也是寸步难行的。

成绩与能力双赢、育人与教书并重，核心素养的培养得到了很好的落实。

2014级期末物理考试，我教的班级学生优秀率、及格率在年级遥遥领先，及格率达到100%，这对于物理这个学科来说是很难做到的。本学期期中测试，我带的3个班的高分段人数占据半壁江山，学生的自主学习能力、互助意识都是最棒的！

（四）写作提升

在省级以上刊物上公开发表论文10余篇，其中6篇发表在核心期刊。

三、务实教研，引领成长

学校把我培养成为一名特级教师，我没有理由不为学校教师队伍的发展作出贡献。

（一）搞讲座、上示范课

受社会大环境的影响，很多教师不太重视自己的专业成长。针对这一现象，我多次结合自己的切身体会，做了《一路风景，一路芬芳》《做永不贬值的教师》《如何做好课堂观察》《做完整的有灵魂的教育》等专题讲座，引领全校教师把专业成长作为自己的生命自觉，喜欢自己的职业，喜欢自己的课堂，喜欢自己的学生，守护好自己的从教初心，幸福做教师，做教育。功夫不负有心人，教师们对待讲课的态度端正了，抱怨的少了。年级组课例研讨，老教师们都能积极参加活动，不再找借口推辞。

作为一名特级教师，多次执教市级公开课、示范课，在日照市的物理教学发展中起着一定的引航作用。

（二）指导、磨炼

我校青年教师多，青年教师的培养成了我工作的另一个重点。这些青年教师一踏入校门，就为他们配上师傅；举办专题讲座，教会他们怎么备课，怎么撰写教案，举办"粉笔字、课件、三分钟演讲、说课"等比武活动激励青年教师成长；同时，我会同年级主任、教研组组长、备课组组长，深入课堂"推门听课"，查找问题并现场"录像"，针对有问题的教师实行跟踪听课指导。

（三）果实丰硕

在2011年市优质课评选中，学校有25位教师参加比赛，有18位老师获得一等奖。2016年，在东港区优质课比赛中，13人参赛，12人获区优质课一等奖。王金辉老师获全国微课大赛一等奖。滕倩老师获山东省优质课一等奖，王军老师获山东省优质课二等奖，杨美华老师获山东省实验说课二等奖。

四、今后打算

坚守课堂：不忘初心，我会继续坚守好自己的课堂，用爱心陪伴自己的学生们快乐成长。只要是站在课堂上一天，就会以一个优秀教师的标准严格要求自己。

　　痴心教改：教改是个永恒的话题，我会永远在路上，让自己的教学朝着更好的方向发展。

　　发挥余热：继续发挥老教师经验丰富的优势，不遗余力，让青年教师们快速成长起来，使他们成为学校的一股中坚力量。

　　（完成时间：2017年11月，本文系2017年参评正高级教师时的答辩材料）

初心筑梦练本领，不负韶华展风采

——2017—2018学年度第二学期日照港中学青年教师素养大赛活动方案

为进一步加强我校教师队伍建设，促进青年教师快速成长，全面展示我校青年教师风采，经学校研究决定，本学期举办第一期青年教师素养大赛，具体内容如下。

一、活动目的

举办青年教师专业素养大赛，以赛促训，以赛促学，引导青年教师立足工作岗位，努力锤炼师德，苦练教育教学基本功；为我校青年教师搭建展示平台，提供交流机会，满足青年教师成长成才需求；发现培养一批有发展潜力的青年人才，探索青年教师成长的途径和载体，努力打造一支师德修养好、人文专业素养高、专业能力强的"研究型"优秀青年教师队伍。

二、参赛对象

2011—2017年进入我校的青年教师。

三、比赛内容

本次青年教师素养大赛分三个模块进行，即：

第一模块：赛课。首先，3月份完成"一师一优课"一节录课（35%），然后现场10分钟专业技能教学展示（15%。）

第二模块：理论与写作（30%），其中个人博客使用情况（10%），《基于核心素养下的阳光课堂构建之我见》论文一篇（字数不得少于2000字）（20%）。

第三模块：才艺比拼，包括：5分钟诗朗诵（10%）、微课（我的模式我的课）展示（10%）。

四、比赛地点

10分钟专业技能教学展示安排在五楼学术报告厅。

才艺比拼模块的诗朗诵安排在五楼学术报告厅。

微课展示安排在五楼学术报告厅。

第二模块的个人博客的使用情况，查看学校网站教师博客；论文先上传教科处李显云老师处，集中放在学校信息平台评审。

五、比赛时间

第3、4周周三下午才艺比拼。

第5周：理论与写作，第5周周三之前必须上传论文。

第6、7周周三下午赛课。

除第二个模块和微课制作外，其他项目比赛前都要进行抽签决定比赛顺序。

六、组织领导

为保证活动顺利开展，学校成立青年教师素养大赛评委组，具体人员如下：

组长：马峰。

组员：郑祥平、王再兴、卜宪富、李玲、单英、高为周、厉永生、张守正、梁洪斌、付娜、贺同柱、刘伟、李惠、林静、胡善芬、秦绪莹、张静、张学美、张瑜、张莉、赵丽、滕倩。

七、大赛要求

要求每位参赛的青年教师认真对待本次比赛，提前准备，按时参赛，有特殊情况不能参加的请提前到教科处请假。

八、附录

（1）参赛教师名单（26人）

郑玉成、王萍、金美玲、李晓华、费超、董丽、韩春华、许峰、王军、刘梦娜、王娟、司建利、彭杰、朱晓萌、梁作峰、刘星、李文宇、赵华、林舒婷、刘凤、郑丽、秦璐阳、王明辉、刘丽、刘洋、夏荷。

说明：在外边学习、交流、休产假的教师不参加本次比赛。

（2）评分标准（另行安排）。

（完成时间：2018年3月）

撑篙寻梦　漫溯青春

——日照港中学"享受青春·诗意成长"
教学基本功大赛侧记

又是一年秋风送爽，又是一度金菊绽放。为夯实青年教师教学基本功，培养他们的业务能力，提升整体业务水平，建立一支内功好、素质强的可持续发展的教师队伍，我校于11月初进行了为期三天的以"享受青春·诗意成长"为主题的教学基本功大赛。参加比赛的都是2016年新考进和应聘的各学科青年教师，他们同台竞技，绽放自我，用火一样的热情，展现了自己的个性和风采，抒发了对教育事业的挚情和梦想。

本次大赛内容丰富，包括说课、演讲、粉笔字、教案四个环节。在说课比赛和教案评比中，十位教师使出浑身解数，争先创优。他们风格迥异，个性突出。教学设计结构合理，层次分明，独具匠心。多媒体课件有文字、图片、视频、歌曲等多种直观形式，尤其是微课的设计耳目一新。独特的思路、流畅的语言均给人以深深的心灵震撼。演讲比赛更是激情碰撞，各显其长。他们纷纷围绕主题从各自的实际出发，用流利的普通话叙述自己的真人真事，字里行间洋溢着对教育工作的热爱和甘为人梯的幸福。微笑的表情、端庄的仪态，时尚而又文雅，处处演绎着他们的美丽和精彩。粉笔字比赛，十位教师积极准备，个个胸有成竹，在三尺讲台上，用一支粉笔写就青春的梦想。他们认真构思，挥洒自如。一笔一画尽显功力，提按分明，有的行云流水飘逸俊秀，有的大方有力遒劲流畅，显示了扎实的教学基本功底。

经过一系列的激烈角逐，最终评出一等奖三人（焦昱安、刘丽、刘凤），二等奖四人（王明辉、郑丽、刘钰、林舒婷），优秀奖三人（李琪、宋英梅、牟彩阳），另有多人获得单项奖。其中，焦昱安获得最佳说课、最佳粉笔字奖，刘凤获得最佳教案奖，最佳演讲的殊荣被刘丽摘得。

本次大赛，学校领导给予了充分重视，对活动的各个环节都做了精心部署，既肯定了青年教师在踏上工作岗位后所付出的心血和汗水，又指出了工作中需要改进和完善的地方，并提出了殷切期望，愿他们能够抓住机遇，通过自己的努力，经过一番磨炼，快速成长，为了心中的理想早日破茧成蝶。

赛事已经结束，但梦想犹存。是的，青年教师既然选择了追求过一种幸福完整的教育生活，就应该享受诗意的成长，撑一支长篙，向着明亮的那方远航，向青草更青处漫溯，终有一天满载星辉，斑斓放歌。

（完成时间：2018年8月）

砥砺奋进　筑梦前行

——2018—2019学年度第二届日照港中学青年教师素养大赛活动方案

一、活动目的

为锤炼我校教师队伍，促进青年教师快速成长，提升教师教育教学素养，经学校研究决定，本学年举办第二届青年教师素养大赛。

二、参赛对象

第一期所有参赛选手、外出交流回来的青年教师、欲参加区优质课评选的教师。

三、比赛内容

本次青年教师素养大赛分三个模块进行，即：

第一模块（50分）：赛课。首先，第13周（11月底）之前完成一节录课（35%，要求精心准备、确保录制效果，优秀赛课优先推荐参评明年3月份省"一师一优课"），然后现场10分钟专业技能教学展示（15%）。

第二模块（30分）：学习与反思（30%），其中教学反思不得少于10篇（字数500字以上，在博客中展示，10%）；推荐1~2本教育教学方面的好书并朗诵精彩片段20%。

第三模块（20分）：才艺比拼，包括：粉笔字（10%）、微课（教育叙事）展示（10%）。

四、比赛地点

10分钟专业技能教学展示，安排在三楼录播教室。

精彩片段朗诵，安排在五楼学术报告厅。

才艺比拼模块：粉笔字书写安排在三楼录播教室，微课安排在五楼学术报告厅。

五、比赛时间

第11、12周：录课、赛课。

模块二和模块三，安排在下学期开学前。

除反思和粉笔字外，其他项目比赛前都要进行抽签决定比赛顺序。

六、组织领导

为保证活动顺利开展，学校成立青年教师素养大赛评委组，具体人员如下：

组长：马峰。

组员：郑祥平、王再兴、卜宪富、单英、高为周、厉永生、张守正、梁洪斌、贺同柱、付娜、林静、刘伟、李惠、胡善芬、林迎军、秦绪莹、张静、张学美、张瑜、张莉、赵丽、滕倩、安彩云。

七、大赛要求

要求每位参赛的青年教师认真对待本次比赛，提前准备，按时参赛，有特殊情况不能参加的请提前到教科处请假.

八、附录

（1）参赛教师名单（32人）

郑玉成、王萍、金美玲、毕善云、费超、董丽、韩春华、许峰、王军、刘梦娜、王娟、司建利、彭杰、朱晓萌、梁作峰、刘星、李文宇、赵华、林舒婷、刘凤、郑丽、秦璐阳、王明辉、刘丽、刘洋、夏荷、张健、宋海燕、焦昱安、汉丹丹、杨美华、时延梅。

说明：在外边学习、交流、休产假的教师不参加本次比赛。

（2）评分标准（另行安排）。

（完成时间：2018年11月）

丰实教师成长"双翼"，为学校育人
质量保驾护航

——2018年度教科研工作总结

　　教研与培训是教师成长的"双翼"，"双翼"丰满，就会飞得更远。2018年度，在学校领导的大力支持下，在各位教师的共同努力之下，学校的教科研工作做得扎实有效，成果显著。

一、以"研"会友，砥砺前行

　　（1）为了更好地促进教师专业水平发展，提高教师的教育教学水平，本年度，搭建了与盟校之间的相互学习、相互交流、相互借鉴、共同提高的平台，真正实现优势互补、资源共享、相互促进、教学相长的目的。

　　3、4月份，与海曲中学学科教研组齐聚一堂，展开了扎实有效的深度集体备课。主讲教师都精心准备了课件，在教学设计、重点、难点的处理上，在知识的建构、复习方法的创新上，不只是阐述自己的理念，更加注重通过课件用鲜活的实例分析，两校教师的交流热烈而务实，统一中又有个性创新，对青年教师、薄弱教师帮扶力度大，收效大。例如：九年级物理组研讨的主题是"做适合学生的有效复习"。物理组老师们结合刚刚复习完的"力""力和运动"复习模块和即将复习的"压强、浮力"模块，谈教师如何制订复习计划和复习思路，不走寻常路，打破按部就班的章节复习，从知识点间的关系出发分模块进行复习，在复习的有效性上注重"缺什么，补什么"，在注重"双基"的基础复习上，注重引导学生学会对相关联的知识的整合和综合分析能力的培养。

10月中旬，与实验中学、曲阜师大附属中学一起，开展了三校间的"同课异构"活动。三所交流学校的领导、教师欢聚一堂，在各学科负责人的主持下进行了热烈活泼的听课、评课、议课活动。三所学校的主持人和评课人就执教老师教学中的优缺点和学生的学习效果，分别进行了中肯客观的评价。大家一致认为，执教老师的风格各异，但都能做到以生为本，有明确的目标任务、先进的教学理念、灵活的教学方法和强烈的质量意识，课堂处处彰显着温度和唯美。这次盟校教研活动的开展，不仅有利于提高教师专业水平，实现教育观念和教学行为的转变，而且很大程度上解决了教师在教学中遇到的问题和困惑，提升了教师驾驭课堂的能力和实施新课程的本领，使三校教师在研究交流中共同成长。

12月中旬，与金海岸小学举行了"关注学情　建构知识　改进策略　促进成长"中小学衔接研讨交流会。相互借鉴"情智教育"和"阳光文化"的学校办学理念，使学校教育更加符合学生成长发展规律和教育教学规律，帮助学生顺利完成"小初转型"，努力提升教学质量，促进学生的全面发展，促进学生幸福成长。

（2）为培养一支精干高效、富有活力、敢于创新、思维活跃的教师队伍，进一步深化我校"356阳光课堂"教学改革，发挥骨干教师的模范带头作用，3月20日，举办了骨干教师亮品牌活动。由九年级语文组卜丽勤和郭遐老师拉开帷幕。来自海曲中学和三庄二中的老师们也参加了听课。骨干教师们都纷纷拿出了自己的绝活。例如：卜丽琴老师的"文言文四环复习方略"，八年级生物张莉老师的"问题·矫正"六环节复习教学法、张静老师的情境复习法等，得到了学校领导和学科同人的一致称赞。

虽然授课学科内容不同，模式不一，但都注重学生学习方法的指导、学生核心素养的培养，以学定教，先学后教，学生的互助行为自发、和谐、有效，课堂成为充满温情和活力的乐园，很好地践行了学校提倡的"356阳光课堂"教学模式。

我校本年度两个学期都认真组织了年级组的听评课活动，实现了全员参与教研，全面提升育人水平的目标。

唯有经历了思考并处于过困惑的状态，才能真正算得上是研究，也唯有这种深度的教研才能收获真正的"营养"。

二、务实培训，引领成长，丰满成长"双翼"

（一）大赛历练成长

学校的发展瓶颈在青年教师，学校的未来发展也在青年教师，青年教师的培养是学校培训工作的重点。3、4、5月份，借能力提升年之机，学校举行了历史上参赛教师人数最多、比赛时间最长、比赛内容更加务实有效的青年素养大赛。历时5周，分赛课、才艺展示、理论与写作三个模块，24位参赛选手均是2011年参加工作以来的青年教师，他们在赛场上风采飞扬，独具特色，既展示了自我，又展示了学校"阳光教育""356课堂"理念。

这次大赛，增加了理论与写作模块，其初衷就是想让青年教师成为有思想的行动者，教学是根本，研究是深思，写作是升华！人都有惰性，通过大赛逼着青年教师们建立博客实现网上学习，规定论文题目，逼着青年教师在平日的工作中要有研究，要不断创新，虽说博客里内容还不多，论文还很青涩，但毕竟青年教师们已在路上，坚持下去，就会看到风景，收获芬芳！

这次大赛，在青年教师的成长道路上又烙下了一个扎实的脚印！经过这一次历练，会成熟很多，专业成长的步伐会更快！正如朱晓萌老师所写的体会一样，只要上路，总会遇到庆典。

12月份，第二届青年教师素养大赛拉开了帷幕。本次大赛在总结第一届素养大赛的经验基础上又充实完善了比赛内容，让大赛更加务实有效。

（二）"走出去，请进来"，提升素养

10月份，语、数、英三个学科组借青年教师参加市优质课比赛磨课之机，把区教研员请来，一起帮助参赛教师磨课，磨课本身也是一次很好的培训。三个学科组的老师们都非常重视这类磨课，都纷纷挤出时间参加一次又一次的研讨。

11月底，组织物理组全体教师参加了省物理工作坊在黄岛区外国语学校举办的省级研讨会，零距离聆听专家报告，与省级专家们面对面研讨交流，与会老师们收获很大。

本年度先后派出14人次参加省外培训，25人次参加省级培训，58人次参加市级培训。九年级所有学科教师参加了市、区两级复习研讨活动。部分教师在市、区两级做经验介绍和举办公开课。

（三）扎实做好接地气的内培

学生在中考答卷中会暴露哪些问题，如何在日常教学中解决这些问题，一直是老师们想要解决而无力解决的问题。2018年，市里第一次让初中老师参加中考阅卷，机会终于来了，学校特意选派了一批骨干教师参加阅卷，并要求阅卷教师回校谈体会。8月底举办了"回望18中考路，开启教学新篇章"的教学漫谈活动。9位骨干教师与全体教师分享了各学科备考方案及2018年中考阅卷心得。本次培训，解决了很多老师多年来的困惑，都普遍注重学生的答题规范性要求，从开学后的几次大型考试来看，成效明显，学生的卷面整洁了，答题也注重规范了。

（四）认真组织省"一师一优课"、省远程研修和市公需科目培训等活动

今年的"一师一优课"活动，和学校举行的青年教师素养大赛进行了整合，所以，与往年相比，录课质量和录制质量都有了很大的提高，朱晓萌、刘梦娜、金美玲、刘洋四位老师入围省优秀课例，入围率在区初中学校名列第一。省远程研修等活动按时保质保量完成。

三、打造城乡教研共同体，实施深度教育帮扶

为更好地推进帮扶支教工作扎实有效开展，本学期从不同层次、多角度对日照第二中学进行深度帮扶，携手同步开展活动，推动教育均衡深度发展。

（一）组织"同课异构"

我校派出语文、数学、英语学科骨干教师送教到日照第二中学，与第二中学教师"同课异构"，近40名教师参加了听课、评课集体研讨。

王萍老师主讲《卖炭翁》；日照市教学能手厉永生老师主讲《变量与函数》；付娜老师主讲七年级英语第七单元第一课时。

（二）毕业班复习课研讨

两校教师面对面研讨考试大纲、考试说明，分析历年中考试题，解决教学中的困惑，明确下阶段的复习策略和方向。

（三）教师成长专题讲座

教科处单英主任举行《做有思想的行动者》专题讲座。单主任结合自己的工作体会和学校的教科研开展情况，就教师如何定位学科育人的角色，如何把自己的教学做到精致，如何升华自己的经验和体会谈了自己的看法，引领教师向专业化发展。

四、教研成果显著

本年度，有4项省级课题顺利结题，是历年来最好的一年。同时，1项国家级课题立项，一项省级课题立项；金美玲等4位教师的课例在省"一师一优课"评选中，被评为优秀课例；宋海燕等3位教师参加市优质课评选，2人获市优质课一等奖；郑玉成老师在山东省中学地理教师技能大赛中获二等奖；王军、王学术两位老师分别荣获日照市历史教师素养大赛一等奖和二等奖；时延梅、司建利老师在市实验说课大赛中荣获一等奖；焦昱安老师举行省级公开课；杨美华、刘佳两位老师举行了市级公开课；张静、李文宇2位老师举行了区公开课。李惠等3位教师在区研讨会上做经验介绍；有14篇论文在省级以上刊物发表。在市论文、案例评选中，共有12篇论文参评，10篇论文案例获一等奖；一个班级荣获"全国十佳完美教室"；2人获全国新教育实验先进个人，郑玉成老师的教育叙事获全国二等奖；崔燕红老师的参赛作品《浸润在〈论语〉里的温暖时光》荣获首届"全国中小学教师读写比赛"二等奖。学校获评全国新教育"未来学校"联盟校。

（完成时间：2018年12月）

务实校本研究，让核心素养落地开花

——2018—2019学年度第二学期教科研工作总结

伴随着中考的节奏，忙碌而充实的一个学期马上接近尾声。在学校领导和各科室的大力配合下，本学期教科研工作做得扎实且有成效，现总结如下。

一、有效提升教师专业素养，让核心素养落地开花

当下，如何让核心素养落地是教科研的一个重要课题，也是学校教科研工作的重点。围绕这一工作重点，学校注重以提升教师专业素养，落实深度教学为突破口，采取多种有力措施让核心素养落地开花。

（一）素养大赛促成长

为全面提升青年教师业务素养，高起点，严要求，全方位地举办了以"听，青春拔节生长的声音"为主题的第二届青年教师素养大赛。

本次大赛，为省优秀课例评选、区级优质课评选奠定了扎实的基础。焦昱安、司建利、宋海燕等老师的课例，无论从教师素质、教学设计，还是录课质量都让评委们称赞信服。区级评选8个课例全部入围；在市级评审中，7人获一等奖，在全市所有学校中入围率第一。焦昱安、汉丹丹、时延梅等老师的区级优质课成绩也是名列前茅。

（二）磨课，加快成长步伐

什么时候成长最快？人有压力的时候。学校高度重视公开课、优质课赛前的"磨课"。本学期，区里教研活动较多，学校紧紧抓住这些机会，着力培养青年教师。在王慧等老师准备公开课，时延梅、司建利等老师准备优质课期

间，组长们不顾自己迎考复习的忙碌与辛苦，仍然挤出时间组织组里老师们一起"磨课"，就像伺候一个大闺女出嫁似的，反复听，反复改，不厌其烦加班指导。磨课，受益的不只是青年教师，对组里老师们也是一次很好的成长机会。

（三）骨干引领助力成长

为充分发挥骨干教师的品牌意识、标杆意识、引领意识，结合校际研讨活动，学校举办了"校际研讨示范引领筑梦起航"骨干教师示范课活动。各位骨干教师分别向大家展示了一节节赋予引领意义的示范课。胡善芬老师以"闯关学文言"的课堂教学模式，引领学生从基础"背默关"到拓展延伸的"综合关"，课堂充实高效，学生认真积极；张守彩老师的课，整节课充满人文关怀与理性智慧。在知识体系的整合建构、知识的深度和梯度、学生核心素养的培养等方面展示了一位老教师的风采。这次示范课都非常完美地体现了他们的教学功力和良好素质；引领有方、循循善诱；幽默风趣、温暖人心的语言，恰当生动的点拨总结，从容不迫的教学态度，体现了良好的"阳光课堂"理念，达到了有效落实学科核心素养的目的。这次骨干教师示范课活动，既充分体现了骨干教师积淀的个人教学经验、娴熟的驾驭活动能力，随机应变的调整策略，又为全体教师提供了互相学习、交流、研讨的机会和平台，促进了教育教学理念的转变、专业水平的提高。用点滴的精彩为课堂着色，用生命的温度引领成长，这便是骨干教师的力量，更是港中人对教育的深厚情怀。教改深处浴春雨，于无声处闻惊雷。探寻教研之路，风景这边独好！

为了提高议课质量，学校围绕研讨主题还专门设计了《"基于核心素养下的深度教学"典型课例观察与反思卡》。就老师们在落实核心素养教学中遇到的问题和困惑（例如：大单元背景下深度整合知识和教学资源的能力；如何把握精讲点拨的度的能力；如何引导学生进行高阶思维训练的能力；如何引导学生自主学习、合作学习和反思学习的能力；在大单元背景下精编训练习题的能力）展开了热烈讨论，相互学习借鉴让核心素养落地课堂的创新做法。

二、构建阳光读写共同体，向青草更青处漫溯

"读一本好书，便是与智者对话，与大师交流"。为了进一步提高教师职业素养，提升业务能力，学校举办了以"悦读·致远——触动心灵的力量"为

主题的第八届读书漫谈活动。本次读书漫谈的目的是引导老师们积极阅读，专注阅读，不仅局限于做一名"教书匠"，还要有更高的追求和梦想，努力做一名思考者、思想者，同时让阅读成为一种自觉行为，充分感受阅读的强大魅力。最终通过老师们自由、快乐、有温度、有厚度、有生命力的阅读，塑造性格，升华气质，激励老师们向青草更青处漫溯，且吟且行，共同成长。借助"阳光读写共同体"这个平台，吸引更多的教师能够参与其中，抒发心灵感悟，分享阅读经验，丰富教育智慧，提升育人能力。

（完成时间：2019年6月）

创新机制做深度教研，激发内驱促素养提升

在实施新课改、有效落实核心素养的今天，学校教研面临着如何突破传统的模式，推动教师角色转变的难题。学校尝试构建"氛围催生、机制激励、学术引领、课题驱动、平台砥砺"的阳光校本教研机制，实现学校跨越式发展。学校连续三年在省"一师一优课"评选中，省优秀课例入围率列全区第一，在省、市评选中也是名列前茅。研究型教师队伍不断壮大，教研氛围日益浓厚，教研能力不断提升。

一、主题课例研讨注重实效

摒弃"完成任务"式的教研活动，学校确立每个学期或学年的教研大主题，各教研组、备课组围绕着大主题，依据学科特点和组内实际，确立组内的主题课例小主题和研讨方案，研讨的时间依据各个学科的教学实际情况而定，同时选拔那些有学术研究素养的"研究型"教师来担任学科科研导师。

二、素养大赛提升综合教学实力

区级以上的优质课评选，比赛的内容单一，周期长，参加的名额受限，大部分教师得不到锻炼。为此，学校主动搭建素养大赛平台，为每一位青年教师提供锻炼进步的机会。2017年至今，学校已经举办了三届青年教师素养大赛，2011年参加工作以来的青年教师通过赛课、才艺展示、理论研究与写作论文等方式，让我们聆听到每个青年教师青春拔节生长的声音。这几年，在我校推出的参评课例中，优秀课例入围率名列全区乃至全市初中学校第一位，很多课例更是获得了省级奖励。

图1

三、课题研究引领专业成长

实施"课题驱动、导师跟进、催生成长"策略，形成由个人专长到团队共进的"校级—区级—市级—省级"的课题研究共同体。特邀市教科研专家进行面对面的课题指导，活动通过扎实的行动研究，青年教师们的教研有了清晰的思路，行动有了抓手，由原来的啥也不懂，慢慢走向了专业研究。通过理论学习和行动研究，提炼形成教育教学策略，解决教育教学难题，加快了教师专业成长的步伐，提升了教育教学的质量。

四、创新形式进行深度教研

名师讲堂、教学漫谈、读书漫谈等校本教研活动平台，让教师都有机会走上讲台；盘活学校的QQ群、微信群，搞活网络教研，为所有人拓展了互动交流的时间和空间，使教研无处不在、无时不研。全体教师不由自主地融入教研的氛围中，有效地推动了自己的专业发展。

名师讲堂　　　　　　　　　　　　　素养大赛

教学漫谈　　　　　　　　　　　　　读书漫谈

图2

五、教研硕果激活发展动力

2016年，13人参加区优质课评选，12人获一等奖；2018年，4人参加市优质课评选，3人获市优质课一等奖；2018年、2019年、2020年连续三年，青年教师在省"一师一优课"评选中，省优秀课例入围率列全区第一，其中2019年8位青年教师全部入围市优秀课例，7人获一等奖；5人获省优秀课例，获奖率位于全市初中学校第一名，在全省也是名列前茅。一次获奖人数之多，属于偶然，连续三年都遥遥领先，实属不易。2019年度在区优质课评选中，学校有17人参赛，14位青年教师获东港区优质课评选一等奖，另有7位教师参加了区级以上公开课展示活动。这些成绩无不浸透着教师们的辛勤汗水，收获的喜悦更增添了教师们前进的动力。大家坚信，这些教研成果的取得仅代表着过去，未来的路还有诗和远方。

扬帆远航，有梦可期。坚信日照港中学在未来的发展中定会乘风破浪，砥砺前行，再续华章。

（完成时间：2020年12月）

青春不负韶华，匠心铸就师魂

——2021—2022学年度第三届日照港中学青年教师素养大赛活动方案

一、活动目的

青年教师是学校长远发展的未来和希望，是学校实现可持续发展的关键所在。充分发挥骨干教师的引领和辐射作用，铸造一批师德修养高、教育理念新、教学能力强、教育科研意识与实践能力强的青年教师队伍，为我校教育的科学发展、和谐发展和率先发展，提供了有力的人才和智力支持。

经学校研究决定，本学年举办第三届青年教师素养大赛。

二、参赛对象

第二届所有参赛选手、欲参加市级以上优质课评选的教师、欲参加职称评审的教师（不限年龄）。

三、比赛内容

本次青年教师素养大赛分三个模块进行，即：

第一模块（50分）：赛课。完成一节录课（35%）（要求精心准备、确保录制效果，优秀赛课优先推荐参评省"一师一优课"），然后现场10分钟专业技能教学展示（15%）。

第二模块（30分）：教育科研能力。立足学校和自己的教育教学实际，申报一项校级小微课题（20%），撰写一份《基于学生核心素养的深度学习的实践与探索》实践感悟或小微课题阶段报告1篇（含问卷）（10%）。

第三模块（20分）：学习与反思，其中教学反思1篇，字数不少于800字
（10%）；推荐1~2本教育教学方面的好书并朗诵精彩片段（10%）。

四、比赛地点

三楼录播教室。

五、比赛时间

第9~10周：完成模块一录课及展示。

第11~12周：完成模块二论文或小微课题阶段报告。（第一部分上学期
已完成）

第13~14周：完成模块三。

六、组织领导

为保证活动顺利开展，学校成立青年教师素养大赛评委组，具体人员
如下：

组长：马峰。

组员：郑祥平、李玲、卜宪富、单英、高为周、刘伟、张守正、梁洪斌、
付娜、杨美华、李惠、秦绪莹、胡善芬、林迎军、张静、张学美、张莉、赵
丽、滕倩、安彩云。

七、大赛要求

要求每位参赛的青年教师认真对待本次比赛，提前准备，按时参赛，有特
殊情况不能参加的请提前到教科处请假。

八、附录

（1）参赛教师名单（22人）

郑玉成、王萍、毕善云、韩春华、许峰、王军、王娟、彭杰、朱晓萌、
梁作峰、林舒婷、刘凤、郑丽、秦璐阳、王明辉、夏荷、张健、宋海燕、焦昱

安、汪清、刘洋、刘梦娜。

说明：欲参加职称评审的教师自愿报名。

（2）评分标准（另行安排）。

（完成时间：2021年10月）

匠心共筑"双减"路，踔厉奋发再前行

日照港中学秉承阳光文化理念，积极构建"氛围催生、机制激励、学术引领、课题驱动、平台砥砺"的阳光校本教研机制，以"三重三抓三做好"为工作目标，积极开展基于"双减"政策下的深度教学研究和教师专业发展培训，取得了一定成效。

一、重培训，抓"转变"，做好"双减"落地加法

为推动"双减"政策落地校园，学校多次召开中层、教研组长和全体教师培训会议，提高认识，转变观念，认真引领教师多举措抓"双减"落地。校长一把手亲自深入课堂和备课组，调研学校教学教研现状，精准把握"双减"重点环节，有的放矢，推动"双减"政策落地校园。校长一把手亲自搞培训。引领广大教师树立正确育人观念，为"双减"有效落地提供操作性很强的建议和策略。学校领导班子降低管理重心，分工责任承包学科教研组，与老师们一起交流研讨，促"双减"，促发展。分管处室创新各项活动模式，积极推进"双减"，重过程，重总结提升，实效明显。

二、重引领，抓提升，做好教师专业成长加法

学校充分发挥名优骨干教师多的优势，积极搭建名师讲堂、教学漫谈、读书漫谈等平台，引导名优骨干教师为教师提供接地气的培训。借学术研究高地，普及、指导广大教师会研、善研、乐研，在研中学，在研中教，实现自我发展的飞跃。胡善芬老师的《"悦"读"乐"写——读写结合课教学模式初探》，从课前导读、技法交流、技巧归纳、课堂练笔、选材探究、拓展延伸

六大环节实现了课堂教学效果的最优化。林迎军老师的《问题驱动，思维生长——以全等复习课的教学设计为例》，主张复习课需要教师在理解教材、理解学生、理解课程的基础上选取素材、构建课程；模式是变化的，但注重思维生长，积累数学素养，是数学教学的根本价值。"三心三重"（细心、专心、全心，重积累、重分享、重反思）式集体备课已经成为教师的教学合作常态，团结协作、互帮互带、志同融洽、齐头并进的教研氛围蔚然成风。有效激发了教师发展内驱力，以蓝带青，以青促蓝，呈现出"以优促新，互学共进"的良好局面。素养大赛，成了一道亮丽的风景线，收效显著。坚持以赛促学，以赛选优的精准培养模式，采用理论与实践相结合的方式进行，铸就师德修养高、教育理念新、教学能力强、教育科研意识与实践能力强的青年教师队伍。

三、重研究，抓实效，做好"提质增效"加法

抓住"双减"落地牛鼻子，深耕阳光课堂教学改革，引领广大教师"从教走向学"。摒弃流于形式的听评课活动模式，创设"主题课例研讨"新模式，聚焦学科教学重难点问题，倡导教师开展基于问题解决的小课题研究。引领教师以做课题的姿态去研究教学，效果初显。例如：九年级数学备课组，针对如何突破中考压轴大题问题，确立了"数学模式解题探究——藏不住的'圆'"；语文组，针对文言文枯燥无趣，学生基础差的现状，确立了"'双减'背景下，文言文有效教学的策略研究"等，聚焦问题"准"，研讨主题有实际意义。活动有方案、有过程、有研讨、有总结，通过教师智慧教促进学生智慧学，提升学生自主、互助的学习能力，减轻学生课业负担。教师团队呈现出主动研究、主动发展的良好态势，研究型教师队伍不断壮大。学校教科研工作成效赢得了教育同行的广泛认可和良好的社会声誉。

2021年，11位教师被评为市级学科带头人，8位教师获市级教学新秀荣誉称号，4名教师被评为区级学科带头人，7名教师被评为区教学新秀；7名教师的论文发表在省级以上刊物，两项教科研成果分别获市级一、二等奖。两项市级教育教研课题顺利立项，省"一师一优课"入围率100%，名列全市第一。

（完成时间：2021年12月）

砥砺专业素养，深耕课堂谋发展

——2021—2022学年度第二学期教研组长、备课组长会议

一、组长"三重身份"要做好

教研组长是学校教研工作的核心，其工作动机与工作能力直接决定一个学校教研工作的质量和水平。"三重身份"要做好。

（一）学科导师

多数教研组长工作执行力很强，"传话筒"做得很到位。但这远远不够。你的工作不仅仅是把学校分配的工作吩咐下去就行了。你必须带头走在你的学科前沿，针对新课程标准、大单元教学设计、"双减"等热门领域开展深度教研，关注已有研究成果和研究短板。从备课、作业设计、培优补差等一些老生常谈的常态化工作入手，聚焦问题，寻求突破措施。

有思想、善学习、乐创新，教研、教学都是一把好手。这样，大家才心服口服。部分组长目前还很难胜任"学科导师"这个角色。但有压力才会有动力。

（二）"三给"引领

教研组长是学校最小的"官"，没有"实权"，靠"管"，教师不会听你的，物质激励又不可能。

给方向，给激励，给机会。引领前沿教研的"风向标"。善于发现教师的潜能和特长，多给教师各种展示和学习机会，并及时给予肯定与鼓励。优秀都是在一次一次被肯定中成就的。

（三）氛围渲染

人格魅力（多干点、多跑跑腿）融洽组内关系，创设浓郁教研氛围，巧

妙利用各种媒体宣传组内教师的教研风采，让每位教师都能成为最美最好的自己。

个别组正能量还不够，甚至还存在一些负能量。

各教研组做一篇组内宣传报道（图文并茂），学校分期发公众号。3月中旬完成。

二、本学期工作打算"常规+专题"

高质量教研是学校提质增效、落实"双减"、落地核心素养的有效途径。以高质量教研带动高质量教学，以高质量教研提升教师高质量专业素养。

请各位组长反思一下：港中特色是什么？温暖、活力、轻负、高效，是愿景，是方向，也是我们一直在努力做的事情。

（一）深化"问题引领，任务驱动，学生主动，互助合作"的教学理念，以强课促增效提质

（1）名优教师引领辐射。这是我们学校的优势，但并不尽如人意。部分骨干教师船到码头车到站。活动不带头参加，不听从学校安排等。

本学期打算举行3～4期名师讲堂。形式有讲座、示范课、师徒共上一节课等。时间安排在第4～7周，一个月时间。要求：组内骨干教师全部参加活动。具体形式，可以组内自主决定。去年新评学科带头人和市级教学新秀上校级观摩课（或创课）。林迎军（第5周）、王军（第6周）、朱晓萌（第7周）。

（2）践行新理念，创"一师一优课"，力争省、市级优秀课例。以第四届素养大赛比赛名次决定参评人选。同时兼顾评职称教师。

（3）聚焦课堂问题，提升主题课例（七年级）研讨层次，推进学生深度学习。

八、九年级忙中考，七年级也不能闲着。第13～15周（5月份），继续开展主题课例研究。重点在"问题引领""任务驱动""学生主动""互助合作"中，选一个或几个点研究，力争有突破、有效果。

（4）走出校门取"真经"，了解学科新动向，新经验，新做法，丰实自己的课堂教学，对标先进促提升。

（二）立足校本，全员研修，师徒共进，提升教师业务素养

（1）集体备课，团队协作，磨课、磨题，双管齐下，摒弃形式，注重实效。力争有成果，有实效。

向九年级数学组、七年级语文备课组、八年级语文备课组、音美组等学习。

（2）专业学习，砥砺专业素养。

新名词、新理念：核心素养、"双减"、深度学习、大单元教学设计、学科大概念等，很多教师还理解得不深不透。

在假期自学的基础上，本学期开学接着进行互学——漫谈如何"从教走向学"，汲取教学新理念，共谋实施深度学习新策略。谈感受、看法、观点等。

（3）青蓝协奏，共读一本书，共上一节课，共拟一份试卷，共同进步。

（4）全员参与2022年度省网络研修，聆听知名专家、学者、一线教师的精彩讲座，观摩优秀课例，饱尝丰富研修大餐。

（完成时间：2022年2月）

拔节成长的声音最美

——第四届青年教师素养大赛总结

很惭愧，我一直是一个懒于动笔的人，可每一次比赛，都会被青年教师们拔节成长的声音触动，都会被青春活力感染到，感动到，让我不由自主地提笔发点感慨。

一、敬畏比赛，认真准备

很多青年教师珍视和同龄人同台竞技的机会，重视过程的参与和收获。

论文展示，明辉老师腰疼得厉害，可以找借口不参加了，但明辉老师主动申请第一个展示。

参加比赛的13位青年教师中就有6位班主任教师。毕善云、彭杰、林舒婷等老师是班主任，李晓华老师带三个班的化学课，白天几乎没有时间准备这些事情，晚上回到家，又被年幼的孩子缠着，他们大都是晚上哄孩子睡着了，再熬夜准备每一个比赛。

二、拔节成长，青春无憾

大家都明白，成长是逆人性的。要付出时间，付出精力，要直面自己的不足。没有一点毅力，真的就会在做的过程中打退堂鼓。论文展示模块，对于青年教师来说，难度不小，当初设计这一个模块的时候，我也犹豫再三。虽说万事开头难，但要想成为"学术型"教师，这一步必须迈出去。因此，不在乎论文写得有多规范，水平有多高，就在乎你敢不敢迈出这一步。那天论文展示的时候，刘星老师紧张得恨不得有个墙缝钻进去，但最终还是勇敢上台。这就是挑战自我，这就是拔节成长。

三、灵魂碰撞，温情幸福

举办素养大赛，主要目的是提升青年教师的综合素养，让青年教师快速成长起来。可每一次比赛，才艺展示环节，评委和老师们都会被青年教师的才艺和叙事震撼和感动。

毕善云老师的《年少只知父爱深，中年方懂书中人》，当时在场的好几位领导和老师都感动得流泪了；明辉老师的语文素养功底深厚，让老师们仰慕不已，认真记录随笔的那份坚持，让很多老师佩服。《我路过的这个世界》中简简单单的文字，记录着明辉老师"路过"的这个世界，记录着明辉老师学习成长的教育生活。没有什么可歌可泣的事迹，更没有什么惊天动地的故事。字里行间流露着明辉老师对于生活的热爱，对于工作的敬畏，一位扎扎实实行走教育之路的青年教师，不用几年，就可以出书了，这可是某些老师一辈子都做不到的。作为理科教师的我，自愧不如，甘愿做明辉老师的粉丝。

匡校长这样评价明辉老师：文学素养是最有底蕴的，也是最难培养的，从今天开始我也是明辉老师的粉丝啦。

王校长重视青年教师的成长，百忙之中参与了整个比赛过程，她深有感触在学校微信群里发了一个感慨："在本届素养大赛中，青年教师们都充分展示了自己的教学水平和良好的个人素养，在参赛的过程中，这些青年教师肯定吃了不少苦，受了不少累，这正是青年教师历练成长的过程，谁参与谁收获。希望青年教师们能主动参与到教学研讨活动中。

本届素养大赛，由于评委来自不同学科，评判结果不一定能够非常准确反映每个人的真实水平，大家不用计较结果，参与的过程才是最有价值的。

感谢校长给予的充分肯定。作为一名特级教师，一位分管教科研的学校中层教师，有责任、有义务尽自己的微薄之力，把这些青年教师扶起来，使他们成为学校一道靓丽的风景线。尤其是这个年龄，不再苛求什么鲜花和掌声，而是突显一种教育情怀，让自己的教育生涯不留什么遗憾。

开启莘莘学子心

——一位教师的教育教研策略与实践探索

一个单位，若只谈工作，会让人倦怠。同事之间多一些这样的心灵碰撞，多一些这样的感动与羡慕，工作中充满温情与激励，会让教育之路更加丰富、充实与幸福。

（完成时间：2022年3月）

砥砺奋进守初心，倾情奉献育桃李

我是1967年5月出生，1988年7月参加工作，党员，日照港中学教科处主任，正高级物理教师，山东省特级教师，山东省首届教书育人楷模提名奖获得者，山东省教学能手，日照市劳动模范，日照市优秀教师，日照市学科带头人。

图1

工作34年来，在教育这块沃土上矢志不移、笔耕不辍。凭着强烈的事业心、责任感，高尚的人格，扎实深厚的业务能力和严谨的治学态度，得到了社会各界的认可和赞誉。

三十四年如一日，将全部心血倾注在三尺讲台，潜心从教，无怨无悔。备课、上课、批改作业、教研活动……每天的日程都排得满满的，经常超负荷运转。我是把学生当"上帝"的人。我总是认真批改学生的每一份作业；从来不让试卷过夜；学生学习有困惑的时候，不管是周末还是假期，都可以随时请教；尽管担任学校中层管理者，但教学成绩丝毫不逊色于其他老师。每当事业与家庭发生冲突的时候，我都是用心灵和责任在抉择。2012年中考之际，母亲病危、儿子高考，双重压力之下，我依然坚守中考一线。没有见上母亲最后一面让我觉得特别内疚，但我没有让学生的中考受到半点影响。我用人格魅力赢得了学生和家长的喜爱。

教学中，我是一个不断开拓进取的人，总是会率先将先进的教学理念、教学手段用到自己的课堂上。我就像一个"工匠"一样，用心打磨自己的每一节课。我的课"简约、智慧、活力、高效"，我的学生这样评价：听她的课是一种享受。我2006年获山东省优质课一等奖，2007年被评为山东省教学能手。多次执教市级公开课，在日照的物理学科教学发展中起着引航作用。2022年7月受邀参加北师大组织的全国义务教育新课标研训活动，在活动中当评委。

图2

立志做一名有思想的践行者。主持多项省、市级课题并获奖。我主持开展的"356阳光课堂"教学模式使课堂焕发了活力，教师从只关注"分数"到更关注"人"的培养，唤醒了学生的"互助意识"和"求助意识"，课题荣获山东省科研成果二等奖；我精心研发的"小微专题三级训练"，就像一个灵巧的"脚手架"，给学生提供了一个清晰的做题思路，省时高效，深受学生喜欢。我撰写的多篇论文在省级以上刊物及核心期刊上发表。2022年荣获市基础教育成果特等奖，山东省基础教育成果二等奖。

我深深体会到学校的教科研工作比教学还难，但还是凭着一股子拼劲、钻劲和韧劲，引领老师们把"职业"当"命业"来做，走自我专业成长之路。自担任教科处主任以来，我先后做过《做个永不贬值的教师》《做完整的有灵魂的教育》《做有思想的行动者》等接地气的讲座，激发了教师的"内力"，将学校的教研活动搞得有声有色。"阳光校本教研"成了港中的一大特色，得到了社会的认可。2013年5月在全市校本教研工作经验交流会上做了典型发言。学校被评为日照市教科研先进单位。我多次受邀去兄弟学校做经验介绍。

"路漫漫其修远兮，吾将上下而求索。"坚守课堂，倾心育人，用心善待每一个孩子，把满腔热忱奉献给自己所热爱的教育事业，是我一生的承诺与追求，我用实际行动诠释了新时代教师的初心与使命。

（完成时间：2022年6月）

后 记 ▶

岁月不居，逝者如斯。作为一名平凡的教育工作者，我时时体味着师者的辛苦与快乐。清晨午后，早春寒冬，执笔在手，将自己教育教研的探索与思考记录下来，连缀成文，故为此卷。虽算不上鸿篇巨著，但也是深宵灯火下付出的心血。伏案垂首，回望记忆里一字一句的种种过往，它们仍美好而又生动地流淌在岁月之中。

在各位关心鼓励我的专家、同事和朋友们的支持下，《开启莘莘学子心——一位教师的教育教研策略与实践探索》这本书就要出版了，心里充满期待，也有些许的不安。该书所呈现的仅仅是一个普通教师教学和教研的常态，立意不够深刻，更谈不上学术研究，但教育教研就是这样一个长期性的常规工作。每一所学校、每一位教师都应求真务实、坚持不懈地把这项工作做好。三十多载成长路，二十余年教研行，这期间也有过动摇、气馁，但更多的还是责任和坚持，唯有勤于知之，竭力行之。我始终认为，教研在任何时候、任何地方，都处于一种正在进行的状态，它本身就是一种动态、一种成长、一种努力、一种思索。"吾生也有涯，而知也无涯。"教研应该成为教师一生的修行。无论是教师还是学生，都应该把学习钻研当作一种生活方式，只要找到兴趣，勤勉努力，坚持不懈，就会离目标更近一步。

习近平总书记提出："要牢固树立终身学习理念，加强学习，拓宽视野，更新知识，不断提高业务能力和教育教学质量，努力成为业务精湛、学生喜爱的高素质教师。"翻阅此书，广大读者尤其是教师同行产生共鸣之余，若能够感受到些许思考或是教育理念的启发，哪怕只是一抹微光照亮，也正是我所希望和期待的。在学习中见微知著，于实践中身体力行，希望以本书为契机，抛砖引玉，引领更多的教师加强学习、研究，尽快提高专业化水平，扎实学术基底，开阔学术视野，与时俱进，使教师教研成为一泓甘冽的清泉，滋润茁壮成长的新苗，浇灌中国特色、世界水平的现代教育沃土。

"路漫漫其修远兮，吾将上下而求索。"师道相传，任重道远；栉风沐雨，砥砺奋进；时代前行，学无止境。成书仓促，虽已经反复修订再三，但书中难免出现疏漏或错误，敬请广大读者批评指正。

单 英

2022年7月